# Gostaria de ter a VERSÃO DIGITAL deste livro?

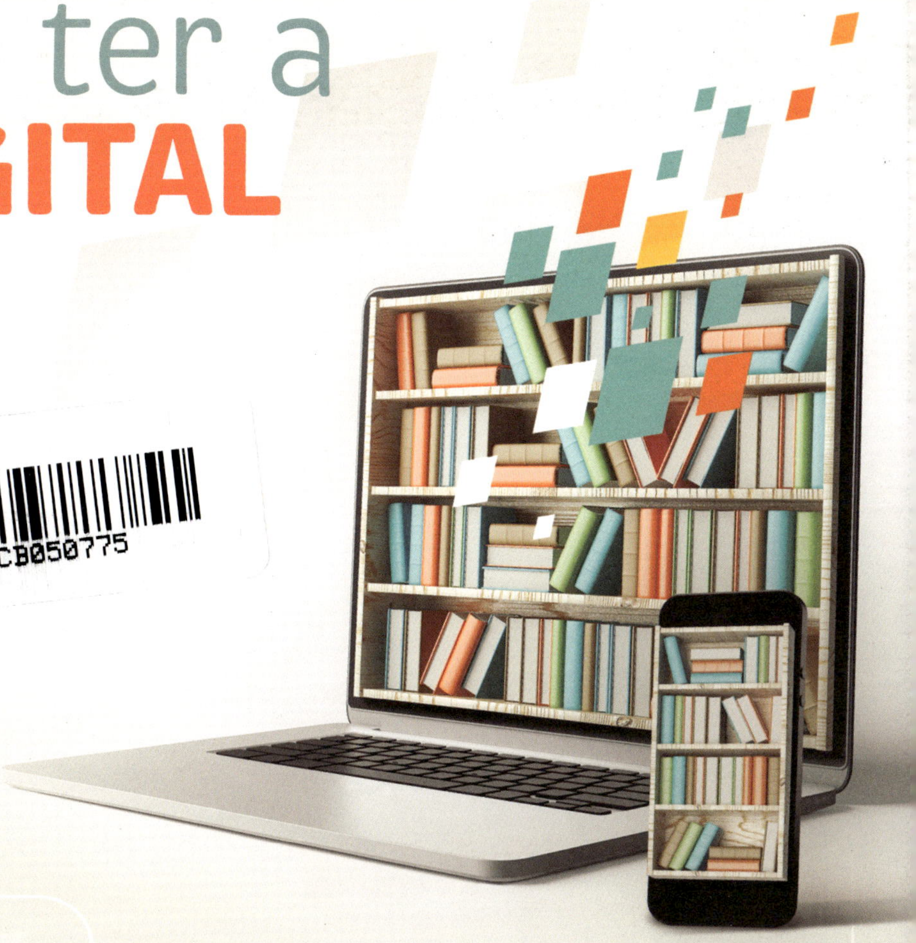

aro Aluno,

ara facilitar o seu estudo
ário, estamos oferemos a você **a
ersão digital do seu livro** com
m desconto exclusivo. Para
omprá-lo, basta utilizar o
ódigo de acesso abaixo.

eja como:

**1** **ACESSE** O SITE
www.aticascipione.com.br

**2** Faça seu **cadastro**.

**3** **Busque o título** que deseja.

**4** Insira o **código de acesso***.

**5** **Registre sua compra** e receba a confirmação.

**6** **Pronto!** Você já tem acesso à versão digital deste livro, com todos os seus benefícios.

Complemente seu livro impresso e **maximize a sua experiência** de aprendizagem.

### BENEFÍCIOS DO LIVRO DIGITAL

- Acesso imediato no tablet ou no computador.
- Portabilidade: você pode transportar todos os seus livros e acessá-los em qualquer momento e em qualquer lugar.
- Acesso aos diversos recursos de interatividade (verifique a disponibilidade).

**CÓDIGO DE ACESSO**
**LAAP.6456.B238.07E0**

506507    Projeto Ápis Geografia 5º ano - Impresso - Aluno

*Seu código de acesso é exclusivo desta obra e intransferível.

# GEOGRAFIA

**5º ano**

### Maria Elena Simielli
Bacharel e licenciada em Geografia pela Universidade de São Paulo (USP).
Professora doutora em Geografia e professora livre-docente do
Departamento de Geografia – Pós-Graduação, USP.
Ex-professora do Ensino Fundamental e Médio
nas redes pública e particular do estado de São Paulo.

Assessoria Pedagógica
### Anna Maria Charlier
Bacharel e licenciada em Geografia pela Universidade de São Paulo (USP).
Bacharel e licenciada em História pela USP.
Ex-professora, diretora e supervisora do Ensino Fundamental e Médio
nas redes pública e particular do estado de São Paulo.

editora ática

Diretoria editorial: Lidiane Vivaldini Olo
Editoria de Ciências Humanas: Heloisa Pimentel
Editora: Rosimar Alves do Rosario
Assistente editorial: Márcio Santos de Souza (cartografia)
Supervisor de arte e produção: Sérgio Yutaka
Editora de arte: Katia Kimie Kunimura
Diagramação: N-Publicações Editoriais
Supervisor de arte e criação: Didier Moraes
Design gráfico: Didier Moraes (capa) e Rafael Vianna Leal (miolo)
Gerente de revisão: Hélia de Jesus Gonsaga
Equipe de revisão: Rosângela Muricy (coord.),
Ana Carolina Nitto, Ana Paula Chabaribery Malfa, Célia Carvalho,
Gabriela Macedo de Andrade, Patrícia Travanca e Vanessa de Paula;
Flávia Venézio dos Santos (estag.)
Supervisor de iconografia: Sílvio Kligin
Pesquisador iconográfico: Caio Mazzilli
Tratamento de imagem: Cesar Wolf e Fernanda Crevin
Ilustração da capa: ideariolab
Ilustrações: Cláudio Chiyo, Luis Moura e Osni de Oliveira;
Sidney Meireles (Ápis Divertido);
Chris Borges, Jefferson Costa e Thalita Colombi (Caderno de atividades)
Cartografia: Allmaps

Título original da obra: *Ápis Geografia* – 5º ano
Copyright: © Maria Elena Simielli

Direitos desta edição cedidos à Editora Ática S.A.
Av. das Nações Unidas, 7221, 3º andar, setor C
Pinheiros – São Paulo – SP
CEP 05425-902
Tel.: 4003-3061
www.atica.com.br / editora@atica.com.br

Dados Internacionais de Catalogação na Publicação (CIP)
(Câmara Brasileira do Livro, SP, Brasil)

Simielli, Maria Elena
 Projeto Ápis : geografia: ensino fundamental I /
Maria Elena Simielli ; assessoria técnico-pedagógica
Anna Maria Charlier. – 2. ed. – São Paulo :
Ática, 2014.
 Obra em 5 v. para alunos do 1º ao 5º ano.
 1. Geografia (Ensino fundamental) I. Charlier,
Anna Maria. II. Título.

14-05923 CDD-372.891

Índice para catálogo sistemático:
1. Geografia: Ensino fundamental 372.891

2016
ISBN 978 85 08 16794-4 (AL)
ISBN 978 85 08 16795-1 (PR)
Código da obra CL 738761
CAE 506507 (AL)
CAE 506508 (PR)
2ª edição
4ª impressão

Impressão e acabamento Brasilform Editora e Ind. Gráfica

Uma publicação  Abril EDUCAÇÃO

# Apresentação

Caro aluno,

Como professora, procuro sempre estimular os alunos para que estudem Geografia de forma prática e muito próxima da sua realidade. Por isso, espero que este livro ajude você, aluno, a compreender o mundo em que vivemos e a participar dele ativamente para construir uma sociedade cada vez melhor.

Orientado pelo seu professor, é você quem vai construir a Geografia e, assim, tornar-se um agente participante do lugar onde vive e das transformações da comunidade da qual faz parte.

Viajando através de imagens e mapas, você vai conhecer melhor o Brasil e o mundo. Que tal embarcar nessa viagem?

A Autora

# Conheça seu livro

Este livro contém quatro unidades. Cada unidade tem dois capítulos.

**Unidade**
As aberturas de unidade marcam o início de estudo de um novo tema.

**Capítulo**
Todo capítulo começa com a **Hora da Roda**, uma atividade para despertar o seu interesse pelo tema a ser estudado.

Ícone para atividade oral.

Pequenos **mapas** do Brasil e do mundo permitem localizar o assunto estudado.

Há também diferentes **seções** que enriquecem seu livro.

- **Saiba mais**
Texto ou atividade para ampliar o estudo.

- **Leia mais**
Textos, poemas ou letras de canções que complementam o tema.

- **Pesquise**
Atividade para aprender a pesquisar e ampliar seu conhecimento.

- **Divirta-se**
Uma maneira lúdica de aprender mais.

- **Desafio**
Oportunidade de fazer descobertas e comparações em grupo ou individualmente.

### Trançando saberes
Nesta seção especial você vai perceber que tudo que se aprende está relacionado com outras disciplinas.

### O que estudamos
Encerramento da unidade, com os principais temas vistos. Traz a seção **Desenhando também aprendo**.

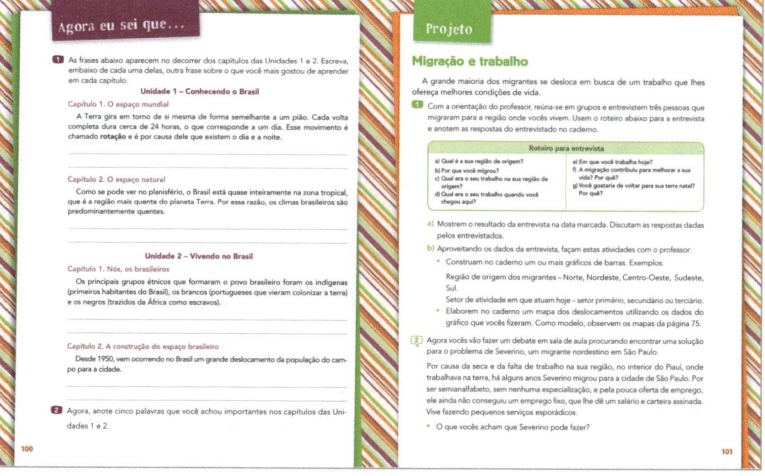

### Agora eu sei que...
Ao final de cada duas unidades, uma atividade especial para você retomar.

### Projeto
Um tema para você trabalhar em **equipe**, **investigar** e **pesquisar**. Também aparece ao final de cada duas unidades.

Há ainda um **glossário** ilustrado e **sugestões de livros** para você ler.

 Este ícone indica Objetos Educacionais Digitais (OEDs) relacionados aos conteúdos do livro.
Acesse: www.projetoapis.com.br.

# Sumário

## UNIDADE 1 — Conhecendo o Brasil ............ 9

**Capítulo 1**
**O espaço mundial** .................................... 10
   O Brasil no mundo ............................... 11
   A Terra em movimento ......................... 24

**Capítulo 2**
**O espaço natural** ..................................... 34
   Brasil: altitudes médias e muitos rios ....... 35
   Um país tropical ................................... 48

**O que estudamos** .................................... 54
**Desenhando também aprendo** .................. 55

## UNIDADE 2 — Vivendo no Brasil ............ 57

**Capítulo 1**
**Nós, os brasileiros** ................................... 58
   Quantos somos? .................................. 59
   Quem somos? ..................................... 66

**Capítulo 2**
**A construção do espaço brasileiro** ............ 78
   Um país de migrações .......................... 79
   Um país com muitas desigualdades ....... 90

**O que estudamos** .................................... 98
**Desenhando também aprendo** .................. 99
**Agora eu sei que...** ................................. 100
**Projeto: Migração e trabalho** ................... 101
**Sugestões** .............................................. 102

Léo Fanelli/Arquivo da editora

# UNIDADE 3 — O espaço regional ...... 105

**Capítulo 1**
**Do Sudeste ao Sul** ................................. 106
    Região Sudeste – O coração econômico do Brasil ............................. 107
    Região Sul – Nem todo o Brasil é tropical ................................................. 115

**Capítulo 2**
**Do litoral para o interior** ........................ 120
    Região Nordeste – Pelas praias e sertões ................................................... 121
    Regiões Centro-Oeste e Norte – Por cerrados e florestas ............................ 129

O que estudamos ........................................ 140
Desenhando também aprendo ................. 141

# UNIDADE 4 — Aquarela do Brasil ..... 143

**Capítulo 1**
**Imagens brasileiras** ................................ 144
    O Brasil em mapas .................................. 145
    O Brasil em retratos ................................ 151

**Capítulo 2**
**O Brasil em verso e prosa** ...................... 158
    O Brasil em canção ................................. 159
    O Brasil na literatura .............................. 164

O que estudamos ........................................ 168
Desenhando também aprendo ................. 169
Agora eu sei que... ...................................... 170
Projeto: Notícias da região ....................... 171
Sugestões ................................................... 172

**Glossário** .................................................. 173
**Bibliografia** .............................................. 176

 Objeto Educacional Digital 23, 24, 25, 28, 32, 79, 121, 145 e 150.

# CAPÍTULO 1
## O espaço mundial

 Leia a letra desta canção:

### Ora bolas

Oi oi oi
Olha aquela bola
A bola pula bem no pé
No pé do menino
Quem é esse menino?
Esse menino é meu vizinho
Onde ele mora?
Mora lá naquela casa
Onde está a casa?
A casa tá na rua
Onde está a rua?
Tá dentro da cidade
Onde está a cidade?
Tá do lado da floresta

Onde é a floresta?
A floresta é no Brasil
Onde está o Brasil?
Tá na América do Sul
No continente americano
Cercado de oceano
E das terras mais distantes
De todo o planeta
E como que é o planeta?
O planeta é uma bola
Que rebola lá no céu
Oi oi oi
Olha aquela bola...

Paulo Tatit e Edith Derdyk. CD *Canções de brincar*. Palavra Cantada. 1996.

Discuta com seus colegas e o professor:

1. Você mora no Brasil. O que você acha do seu país? Escolha uma palavra que expresse sua opinião.

2. Compare a palavra que você escolheu com as palavras ditas por seus colegas. Houve palavras iguais? Conversem sobre as palavras escolhidas pela classe.

# O Brasil no mundo

Você sabe onde se localiza o Brasil no mundo? E sua cidade?
Observe as imagens abaixo:

Imagens de satélite das regiões de São Paulo e de Santos, e foto do centro da cidade de São Paulo, a mais populosa do Brasil.

1. Com base na imagem acima e no mapa da página 21, anote em que parte do mundo está o Brasil. _____

2. Agora, com a ajuda do professor, preencha os quadros abaixo:

| _____ | _____ | _____ |
| _____ | _____ | _____ |
| MINHA CIDADE | MEU ESTADO | MEU PAÍS |

Os mapas são construídos a partir de imagens aéreas ou de satélites.

Quanto mais perto estamos de uma pessoa ou de um objeto, mais detalhes podemos perceber. E, quanto mais longe, menos detalhes enxergamos.

No nosso dia a dia podemos enxergar os objetos com mais ou com menos detalhes.

Observe as três fotos da mesma árvore:

Fotos: Cidade Universitária — USP, em São Paulo, no estado de São Paulo.

**1** Qual foto foi tirada mais de perto e, portanto, mostra mais detalhes? _____

**2** Qual foi tirada mais de longe e, portanto, mostra menos detalhes? _____

**3** Qual mostra uma área maior? _____

**4** Qual mostra uma área menor? _____

Vamos ver como isso acontece nos mapas? Observe que este lugar (Cidade Universitária – USP, São Paulo, SP) está sendo fotografado de um helicóptero em diferentes alturas. Veja também as fotos verticais e os mapas.

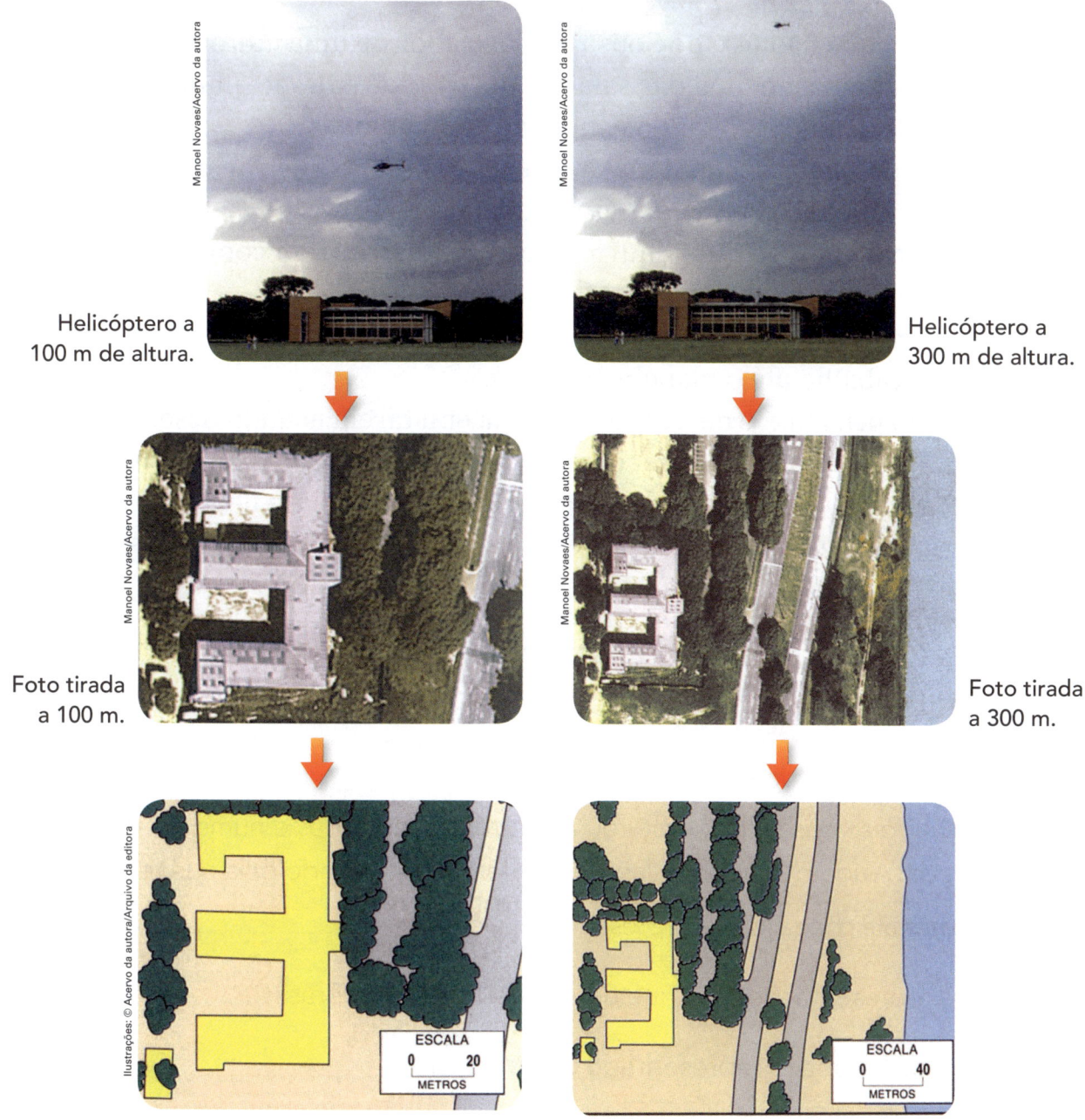

Helicóptero a 100 m de altura.

Helicóptero a 300 m de altura.

Foto tirada a 100 m.

Foto tirada a 300 m.

Como se pode ver, quando o helicóptero estava a uma altura maior (mais distante do prédio), ele fotografou uma área maior, mas os detalhes ficaram menos visíveis.

- Imagine que você precisa tirar duas fotos aéreas — uma da sua escola e outra da sua cidade. Em qual dessas situações o helicóptero tem de estar a uma altura maior? Por quê? Discuta com os colegas e o professor.

Leia o texto a seguir.

## Um desafio para Maurício

Maurício, que não é o "de Sousa", é ilustrador de uma editora de livros escolares. Ele trabalha em uma das salas de um grande edifício, num dos bairros da cidade de São Paulo, capital do estado de São Paulo.

O chefe de Maurício, sr. Tanaka, encarregou-o de ilustrar um livro de Geografia para o 5º ano do Ensino Fundamental.

Uma parte do livro que Maurício terá de ilustrar tem como título "O Brasil no mundo". O sr. Tanaka disse a Maurício:

— Você deverá representar, em quadrados do mesmo tamanho, desde a nossa sala de trabalho até o planeta Terra.

Maurício pensou... e descobriu como fazer a tarefa usando desenhos, plantas e mapas. Para que as representações coubessem em espaços do mesmo tamanho no livro, ele reduziria cada uma delas quantas vezes fosse necessário.

Maurício fez todas as reduções e depois traçou oito retângulos e, dentro de cada um, desenhou o que o sr. Tanaka pediu.

Texto de Ana Maria Pecchiai Figueiredo, elaborado para esta coleção.

**1** Veja os desenhos do Maurício na página 15.

a) Maurício se descuidou, misturou as oito representações e numerou-as na sequência errada. Ajude-o a organizá-las corretamente, começando pela que representa a área menor até chegar à que representa a maior área. _____

b) das representações em que é possível localizar o Brasil; _____

c) do maior espaço representado por Maurício; _____

d) do desenho que apresenta mais detalhes. _____

**2** No caderno, faça quadrinhos como os do modelo abaixo e escreva seu endereço completo, do menor espaço que você ocupa até o planeta em que você vive.

### Estado de São Paulo

### Prédio da editora

### Planisfério
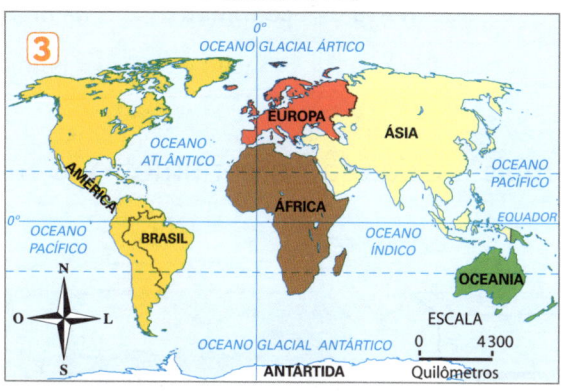

### Sala dos ilustradores

### Município de São Paulo

### Brasil
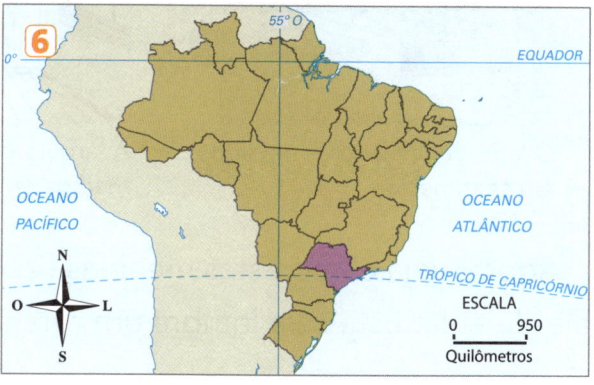

### Continente americano
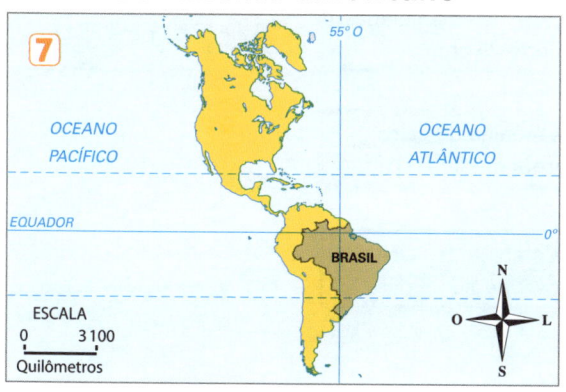

### Vista parcial do bairro

Mapas adaptados de: *Atlas geográfico escolar*. Rio de Janeiro: IBGE, 2012.

Toda vez que fazemos uma redução devemos manter a proporção em relação ao tamanho real do objeto.

Por exemplo: para representar sua mesa, você pode medir quantos palmos ela tem de um lado e quantos palmos ela tem do outro.

Depois, você pode representá-la em tamanho menor, no papel. Ela estará desenhada de forma proporcional ao seu tamanho real.

Existem maneiras de fazer medições mais exatas. Para isso, precisamos conhecer as unidades de medida de comprimento. Veja quais são:

| quilômetro | hectômetro | decâmetro | METRO | decímetro | centímetro | milímetro |
|---|---|---|---|---|---|---|
| (km) | (hm) | (dam) | (m) | (dm) | (cm) | (mm) |

As unidades de medida de comprimento mais usadas são o centímetro, o metro e o quilômetro. Veja os exemplos abaixo:

O lado de um livro — medido em centímetros.

A largura de uma sala — medida em metros.

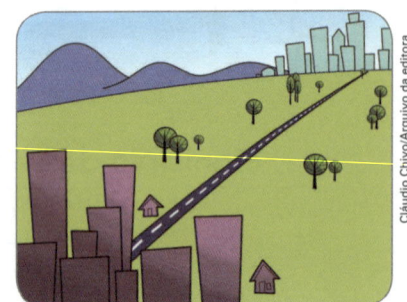

A distância entre duas cidades — medida em quilômetros.

Agora, veja como estas meninas fizeram para medir o comprimento e a largura da sala de aula. Esta sala lembra um retângulo.

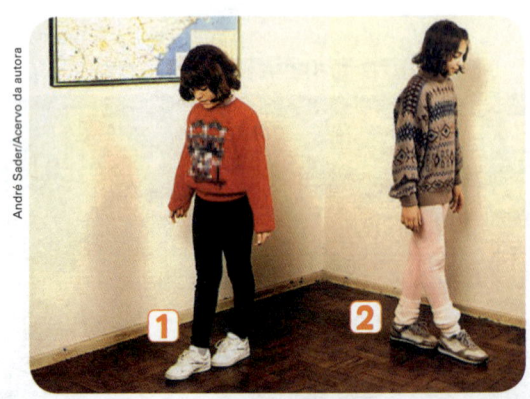

Pode-se usar o pé para medir os lados da sala de aula.

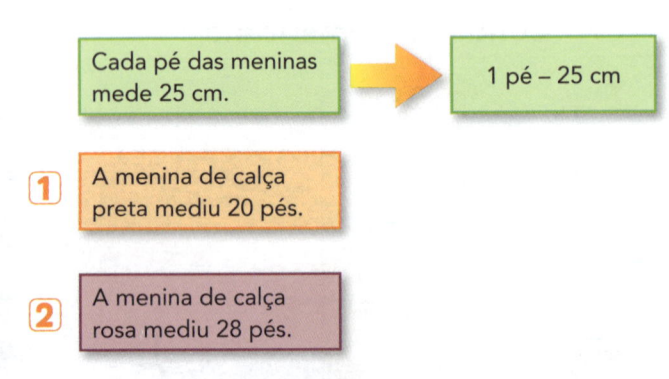

Cada pé das meninas mede 25 cm. → 1 pé – 25 cm

1 A menina de calça preta mediu 20 pés.

2 A menina de calça rosa mediu 28 pés.

**16** UNIDADE 1

**1** Observe como as meninas fizeram para representar a sala de aula. Lembre-se de que cada pé mede 25 cm.

**a)** Complete a tabela:

| Lado da sala de aula | Número de pés medidos | Medida do lado da sala de aula (em centímetros – cm) | Medida do lado da sala de aula (em metros – m) |
|---|---|---|---|
| 1 | 20 | 500 | 5 |
| 2 | 28 | | |
| 3 | 20 | | |
| 4 | 28 | | |

**b)** A menina de calça preta representou apenas o lado que mediu. Complete o desenho com as medidas dos outros lados.

1 m

**2** Agora é a sua vez! Meça a sua sala de aula utilizando o pé.

a) Preencha a tabela.

| Lado da sala de aula | Número de pés medidos | Medida do lado da sala de aula (em centímetros – cm) | Medida do lado da sala de aula (em metros – m) |
|---|---|---|---|
| 1 |  |  | 5 |
| 2 |  |  |  |
| 3 |  |  |  |
| 4 |  |  |  |

b) Utilizando os dados da tabela, represente, nos quadriculados abaixo, as medidas em **m** que você encontrou. Antes de fazer seu desenho, observe quanto mede cada lado do quadradinho.

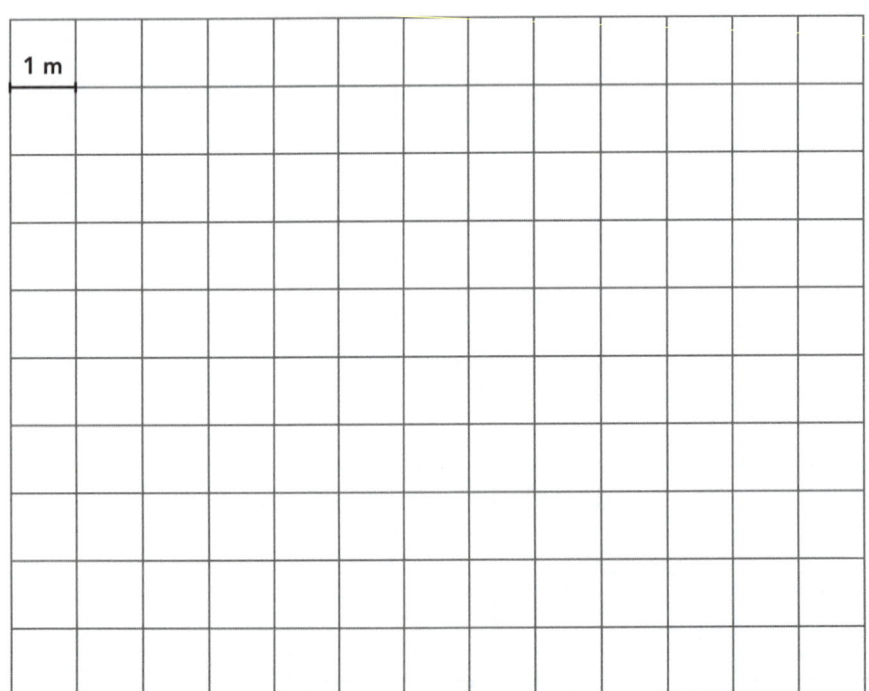

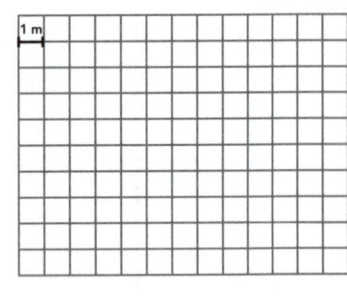

c) A sua sala de aula foi representada em dois tamanhos diferentes. O tamanho real da sala de aula continua o mesmo? Explique. _____

_____

> **saiba mais**

## A medição da Terra

Antes de Colombo chegar ao Novo Mundo, as pessoas já sabiam que a Terra tinha a forma arredondada. Um estudioso grego chamado Philoaus e outros cientistas chegaram a essa conclusão pelas mudanças de posição das estrelas no céu e a maneira como os navios desapareciam à medida que se afastavam na direção do horizonte. Os sábios concordavam que a Terra era uma esfera — mas o tamanho dessa esfera ainda era um mistério.

O mistério foi solucionado por Eratóstenes, bibliotecário-chefe da grande biblioteca de Alexandria, no Egito. Ele calculou que a circunferência da Terra teria 39 681 quilômetros. Quando a Terra foi novamente medida, com aparelhos modernos, no século XX, houve apenas uma diferença de cerca de 320 quilômetros entre o resultado atual (aproximadamente 40 000 km) e o que Eratóstenes obteve há mais de dois mil anos.

As medições de Eratóstenes proporcionaram a elaboração do primeiro mapa da Terra baseado em cálculos matemáticos precisos.

Adaptado de: *O bibliotecário que mediu a Terra*, de Kathryn Lasky. São Paulo: Moderna, 2007.

Observe as ilustrações e as imagens de satélite, depois responda oralmente.

Antigamente, um dos recursos que comprovavam que a Terra tem a forma arredondada era ver as embarcações desaparecerem na linha do horizonte, onde o céu parece se encontrar com o mar.

Atualmente, fotos feitas por satélites artificiais comprovam que a Terra tem a forma arredondada.

- Como podemos comprovar que a Terra tem a forma arredondada?

O planeta Terra, com sua forma arredondada, pode ser representado em um globo ou em um planisfério.

Quando olhamos um globo, vemos somente a parte da Terra que está virada para nós. Para ver toda a Terra de uma só vez, precisamos olhar um planisfério.

Para a representação no planisfério, a Terra, redonda, é transformada em uma superfície plana. Assim, ela pode ser vista inteiramente de uma só vez.

**1 A Terra no espaço**

Do espaço, podemos ver que a Terra tem oceanos, terras e nuvens, mas vemos somente uma parte da Terra de cada vez.

**2 Globo — uma representação da Terra**

O globo é um pequeno modelo da Terra que podemos pegar em nossas mãos. Podemos girá-lo de um lado e de outro. Mas só conseguimos ver um lado da Terra de cada vez.

### ❸ A Terra representada no papel

Para você ter uma ideia de como a Terra é representada numa superfície plana, imagine que o globo terrestre é uma laranja aberta em gomos, que você vai dispor um ao lado do outro, como nesta figura:

### ❹ Planisfério — a Terra desenhada em papel

Os cartógrafos "esticam" as terras e as águas para preencher os espaços. É dessa forma que o planisfério mostra a Terra inteira de uma só vez, com seus continentes e oceanos.

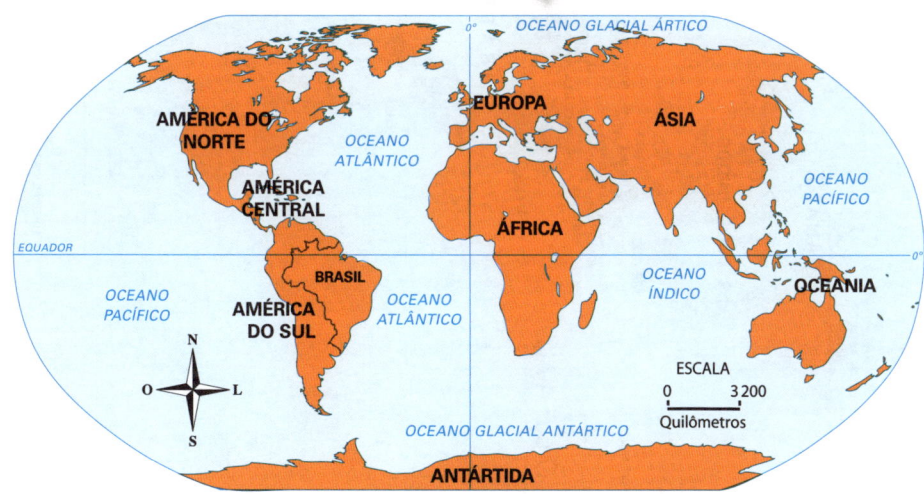

Adaptado de: *Atlante geografico metodico de Agostini 2013-2014*. Novara: Istituto Geografico de Agostini, 2013.

Veja na página seguinte a Terra e todos os países representados em um planisfério.

CAPÍTULO 1  **21**

## + saiba mais

### Planisfério político

M. E. Simielli. Geoatlas. São Paulo: Ática, 2013.

**LEGENDA**
1. REPÚBLICA TCHECA
2. ESLOVÁQUIA
3. ESLOVÊNIA
4. CROÁCIA
5. BÓSNIA-HERZEGOVINA
6. SÉRVIA
7. MONTENEGRO
8. MACEDÔNIA
9. GEÓRGIA
10. ARMÊNIA
11. AZERBAIJÃO

ESCALA
0 — 1800 — 3600
Quilômetros

PROJEÇÃO DE ROBINSON

22 UNIDADE 1

Muitas vezes, no planisfério ou no globo há linhas que se cruzam. Essas linhas não existem na realidade. São desenhadas para facilitar a localização nos continentes e oceanos.

**Cartografia: elementos dos mapas**

São linhas imaginárias chamadas **paralelos** e **meridianos**.

M. E. Simielli. *Geoatlas*. São Paulo: Ática, 2013.

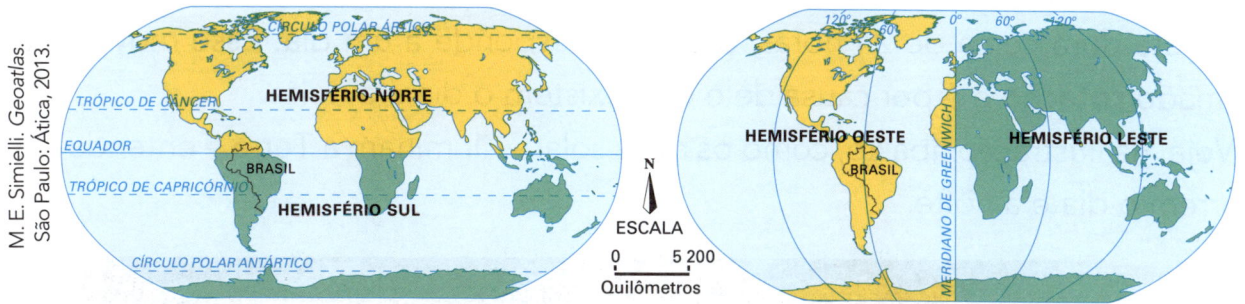

O equador é o **paralelo** que divide a Terra em hemisfério norte e hemisfério sul.
O trópico de Câncer, o trópico de Capricórnio e os círculos polares são outros paralelos importantes.

O **meridiano** de Greenwich divide a Terra em hemisfério oeste (ocidental) e hemisfério leste (oriental).

Fabio Colombini/Acervo do fotógrafo

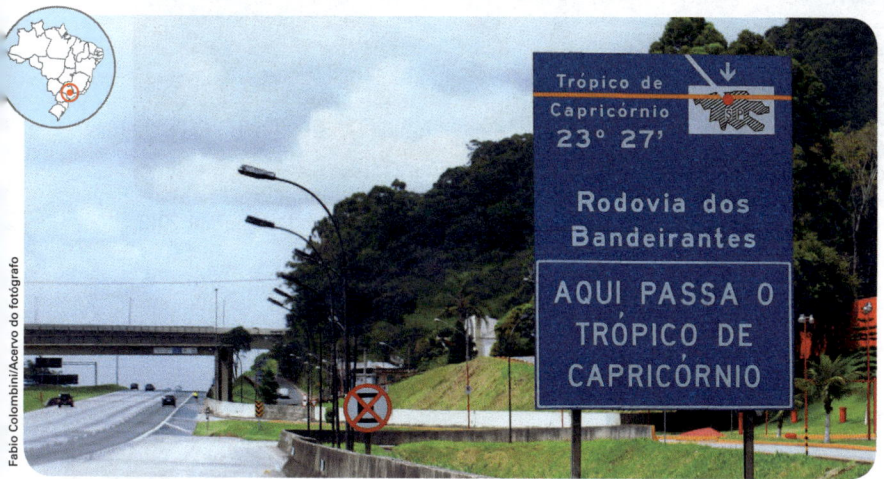

Rodovia dos Bandeirantes, próximo a São Paulo, no estado de São Paulo, local por onde passa o trópico de Capricórnio, 2011.

Ricardo Azoury/Pulsar Imagens

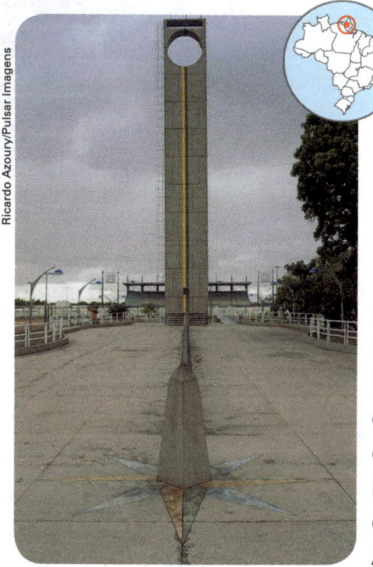

Monumento Marco Zero da linha do equador, na cidade de Macapá, capital do estado do Amapá, 2013.

**1** Em quais hemisférios está localizado o Brasil? ______________________________

______________________________

**2** Veja novamente o mapa da página anterior e escreva o nome dos principais oceanos da Terra. ______________________________

**3** Qual oceano banha o Brasil? ______________________________

**4** Cite três países vizinhos do Brasil que estão no hemisfério sul. ______________________________

______________________________

# A Terra em movimento

Embora a gente não perceba, o planeta Terra está sempre em movimento. Ele gira em torno de si mesmo e em volta do Sol, estrela que lhe dá luz e calor.

A Terra gira em torno de si mesma de forma semelhante a um pião. Cada volta completa dura cerca de 24 horas, o que corresponde a um dia. Esse movimento é chamado **rotação** e é por causa dele que existem o dia e a noite.

Veja, na ilustração abaixo, como os raios solares iluminam a Terra e entenda como ocorrem o dia e a noite.

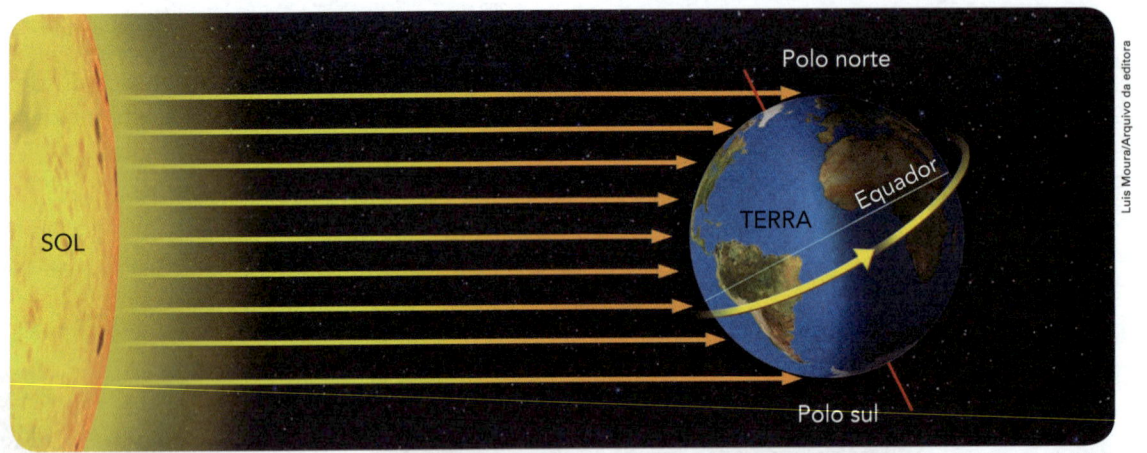

Adaptado de: *Atlante geografico metodico De Agostini 2013-2014*. Novara: Istituto Geografico De Agostini, 2013.

Leia o quadrinho abaixo e pense se o Chico Bento tem razão:

Fonte: *O Estado de S. Paulo*, 4 jul. 2013.

**1** É possível o Chico Bento ficar tonto com o movimento de rotação da Terra?

**2** O que você acha que aconteceria se a Terra parasse de fazer o movimento de rotação?

Chama-se **translação** o movimento que a Terra faz em torno do Sol. Cada volta completa dura aproximadamente um ano.

A Terra movimenta-se numa posição inclinada. Por causa dessa inclinação e do movimento de translação, a distribuição da luz e do calor do Sol, em um mesmo período, não é a mesma nos hemisférios norte e sul. É por isso que existem as estações do ano: **primavera**, **verão**, **outono** e **inverno**.

As estações são contrárias nos dois hemisférios. Por exemplo: quando é verão no hemisfério sul, é inverno no hemisfério norte, e vice-versa. Observe a ilustração a seguir para entender as principais consequências do movimento de translação.

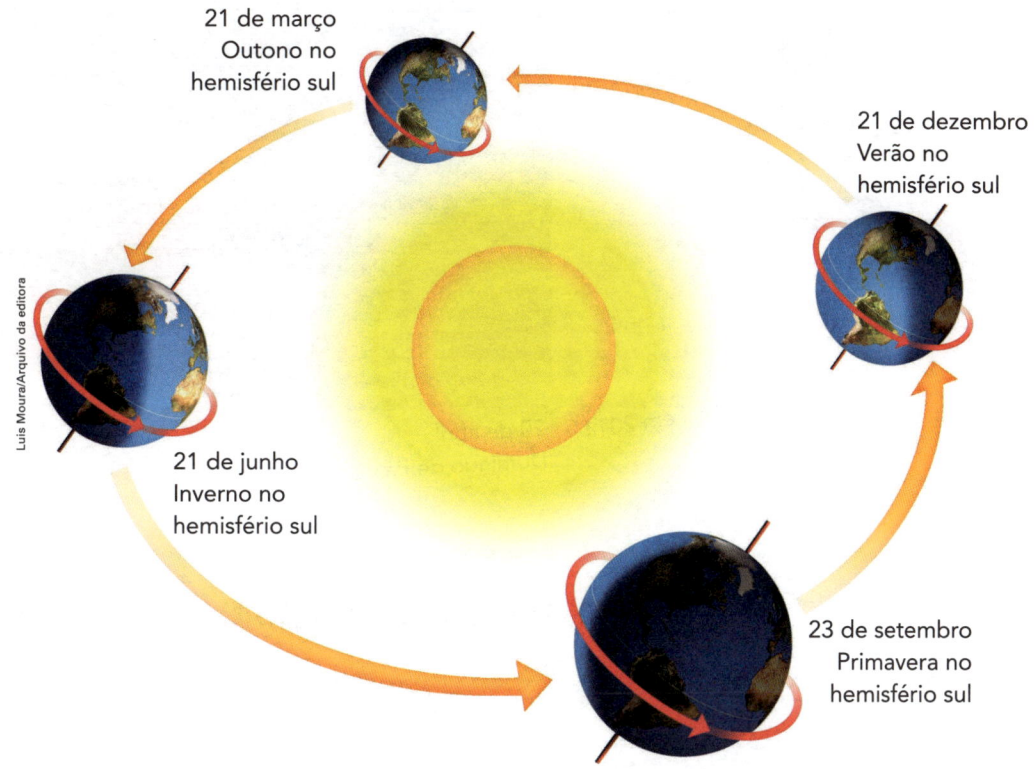

Fonte: Adaptado de *Atlante geografico metodico De Agostini 2013-2014*. Novara: Istituto Geografico De Agostini, 2013.

1. Com base na ilustração, responda em qual região da Terra os raios solares incidem mais diretamente. _____

2. Por que as áreas mais frias são os polos? _____
_____

3. Onde você mora dá para perceber diferenças entre as estações do ano?
_____

CAPÍTULO 1 **25**

O período de um ano pode ser representado em uma linha do tempo que mostre as quatro **estações do ano**.

Observe e compare o que acontece no Brasil, país situado quase por completo no hemisfério sul, com o que ocorre na Suíça, país do hemisfério norte. Veja atividades e comemorações desses países em cada mês do ano.

## HEMISFÉRIO SUL – BRASIL

21 de dezembro até 21 de março
**Verão**

21 de março até 21 de junho
**Outono**

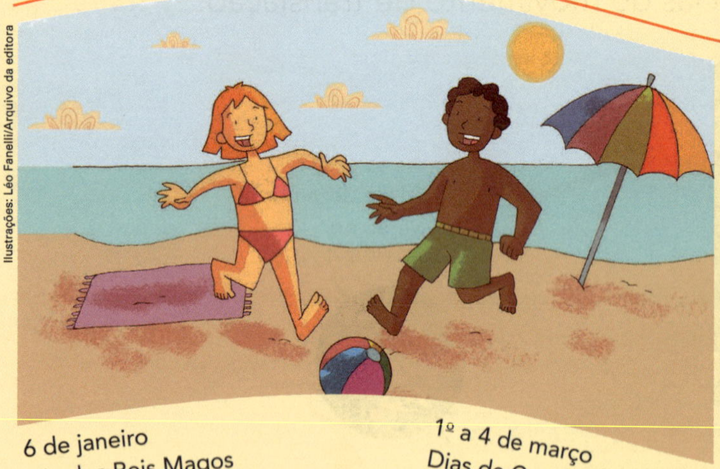

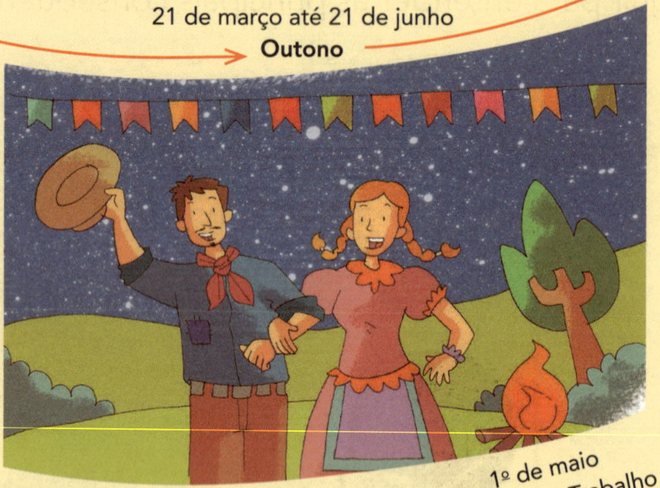

6 de janeiro
Dia dos Reis Magos

1º a 4 de março
Dias de Carnaval em 2014

20 de abril
Domingo de Páscoa em 2014

1º de maio
Dia do Trabalho

## HEMISFÉRIO NORTE – SUÍÇA

21 de dezembro até 21 de março
**Inverno**

21 de março até 21 de junho
**Primavera**

6 de janeiro
Dia dos Reis Magos

14 de fevereiro
Dia dos Namorados

20 de abril
Domingo de Páscoa em 2014

1º de maio
Dia do Trabalho

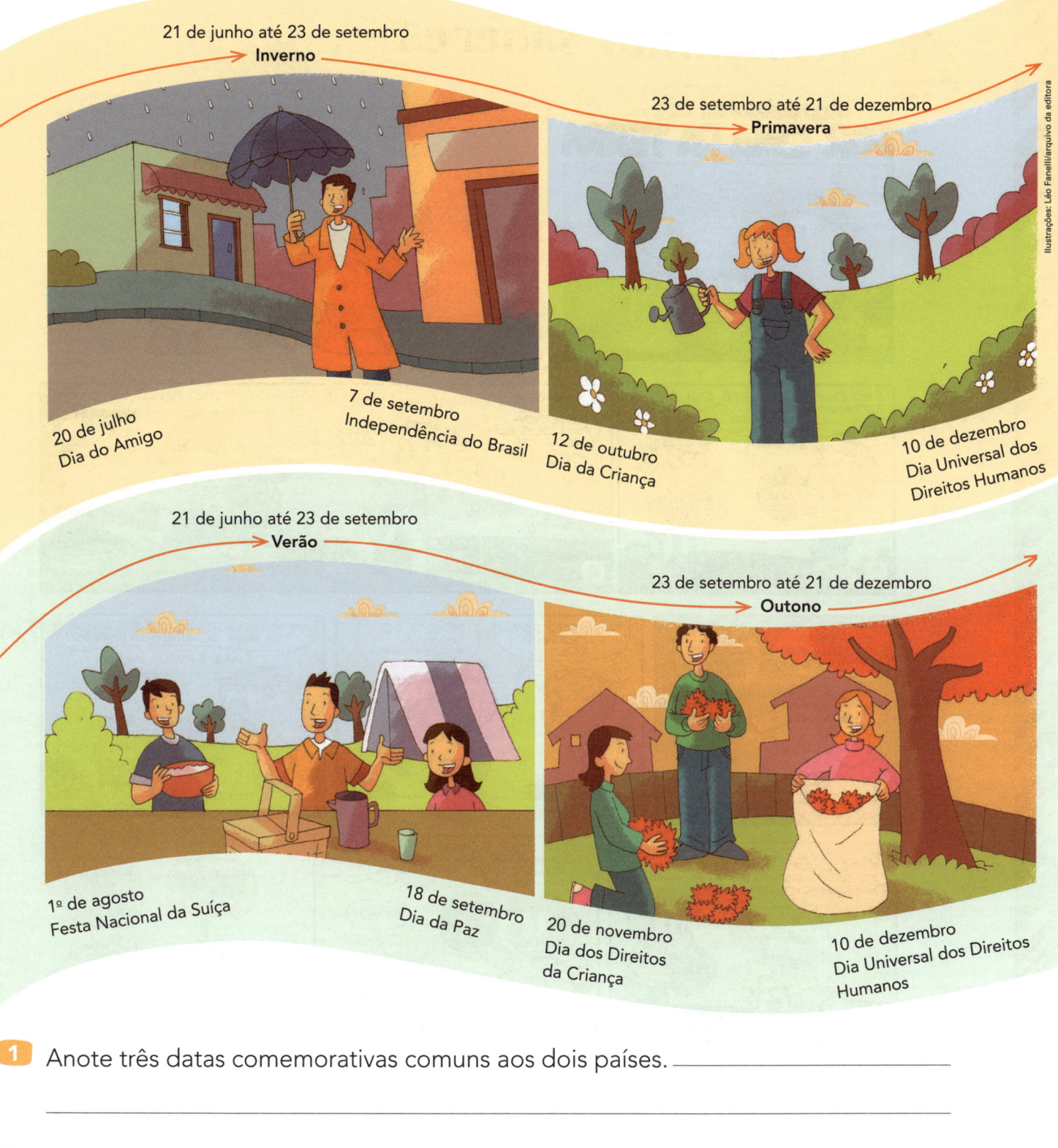

1. Anote três datas comemorativas comuns aos dois países. _____

2. Qual estação temos no hemisfério norte quando é verão no hemisfério sul?

3. Você gostaria de acrescentar mais alguma comemoração na linha do tempo do Brasil? Qual?

# Trançando saberes

Movimentos da Terra

Fonte: Mauricio de Sousa. *Chico Bento*. Globo, n. 254.

**1** Por que a Vila Abobrinha aparece no globo terrestre como "uma sujeirinha"?

**2** No globo que o Chico Bento está segurando, cada centímetro corresponde a 1000 quilômetros na realidade. Se o equador no globo mede 40 cm, quantos quilômetros ele tem na realidade? Faça a conta no caderno.

**3** Chico Bento mostrou a Zé Lelé os dois movimentos da Terra. Em que quadros da história ele fala desses movimentos? Quais são esses movimentos?

**4** Qual é a principal consequência de cada um desses movimentos? Quanto tempo dura cada um?

**5** Vamos fazer um globo e localizar a cidade onde você mora? Peça a ajuda do seu professor. Ele sabe o material necessário e a maneira de fazer.

Em algumas regiões as quatro estações do ano têm características bem definidas:
- o **verão** é a estação mais quente;
- no **outono**, os frutos amadurecem e as folhas das árvores amarelam e caem;
- no **inverno**, faz muito frio, chegando até a nevar em alguns lugares;
- na **primavera**, as folhas brotam e as flores desabrocham.

Na maior parte do Brasil as diferenças não são tão marcantes, porque grande parte do território brasileiro está próximo da linha do equador, que recebe diretamente os raios solares o ano inteiro.

Os estados do Sul do Brasil apresentam uma situação diferente dos estados das demais regiões brasileiras. Leia o texto a seguir:

### Sul do Brasil abaixo de zero

A forte massa de ar polar que entrou no Brasil esta semana ainda está atuando com muita força sobre a região Sul. Nos estados da região (Paraná, Santa Catarina e Rio Grande do Sul) os **termômetros** registraram temperaturas mínimas abaixo dos 4 °C. Até temperaturas abaixo de zero foram observadas.

A definição das palavras destacadas está no Glossário, página 173.

O frio extremo ocasionou geada generalizada, como já vinha sendo previsto. A geada certamente trará muitos prejuízos para a agricultura nos próximos dias.

Em Curitiba, a temperatura mínima foi de –2,1 °C, em Florianópolis foi de –3,1 °C e em Porto Alegre, de –3 °C.

Texto elaborado com base em: Josélia Pegorim.
Disponível em: <www.climatempo.com.br/noticias/167527/sul-do-brasil-abaixo-de-zero-4/>.
Acesso em: 24 mar. 2014.

**1** O movimento de translação dura aproximadamente um ano, ou seja, 12 meses. Nesse período, ocorrem as quatro estações.
- Calcule e responda oralmente: quantos meses dura cada estação do ano?

**2** Em que estação do ano ocorreu frio intenso nos estados do Sul do Brasil?
_____

**3** Essa situação pode ocorrer no estado do Rio Grande do Norte? Por quê? Para responder, consulte antes um mapa do Brasil. _____

Em seu movimento de translação a Terra gira ao redor do Sol e, ao mesmo tempo, gira em torno de si mesma (rotação). Mas, ao observarmos a posição do Sol em diferentes horas do dia, temos a impressão de que é ele que se move.

Muitas vezes, para nos orientarmos usamos o movimento aparente do Sol.

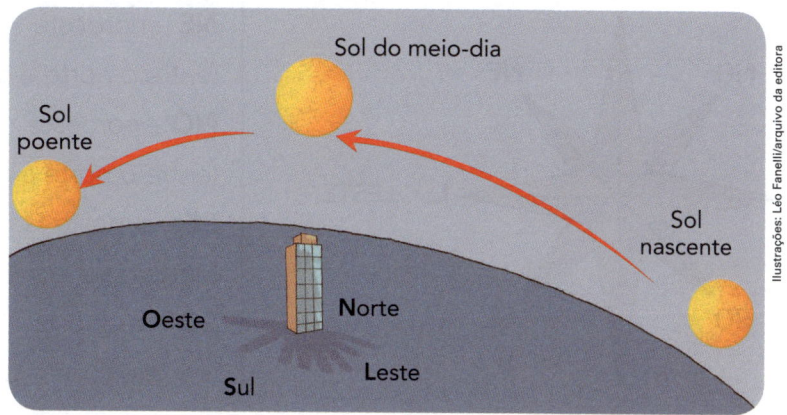

A imagem não obedece às proporções reais. Foi elaborada para fins didáticos, com o objetivo de mostrar o movimento aparente do Sol.

Agora você vai usar o Sol como referência para se orientar.

**1** Vá até o pátio ou até a quadra da sua escola. Observe a "posição" do Sol logo no início da aula. Anote-a com giz no chão ou indique-a com uma seta em um papel pardo esticado no chão.

**2** Quando você sair da escola, no fim da aula, veja novamente onde está o Sol. Anote mais uma vez a "posição" do Sol no chão ou com uma seta em um papel pardo. Observe em que direção ele se "moveu".

Partindo dessa observação podemos apontar o braço direito para a direção onde o Sol aparece (leste) e o braço esquerdo para a direção onde o Sol se põe (oeste). À nossa frente temos a direção norte e atrás, a direção sul.

**3** Com um grupo de colegas e com o auxílio do professor, defina os pontos cardeais (norte, sul, leste e oeste), tendo como centro a sua escola.

 Além de utilizar os pontos cardeais **norte (N)**, **sul (S)**, **leste (L)** e **oeste (O)**, podemos detalhar ainda mais as direções. Para isso usamos os pontos colaterais. Observe:

**Pontos colaterais**

**NE** – nordeste
(entre o norte e o leste)

**NO** – noroeste
(entre o norte e o oeste)

**SE** – sudeste
(entre o sul e o leste)

**SO** – sudoeste
(entre o sul e o oeste)

As regiões administrativas do Brasil foram definidas com base nos pontos cardeais e colaterais. Observe o mapa:

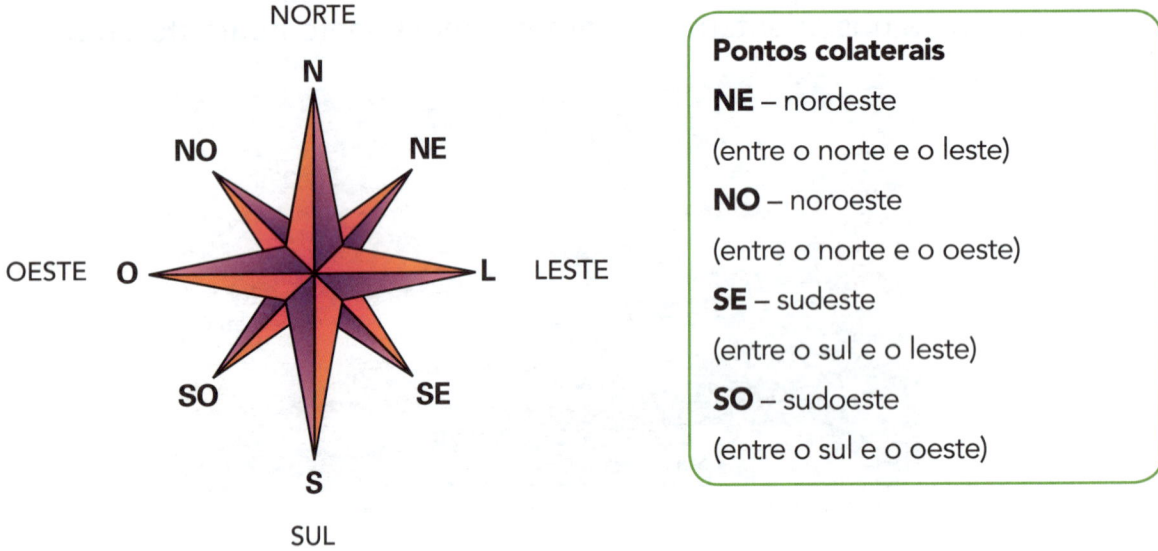

M. E. Simielli. *Geoatlas*. São Paulo: Ática, 2013.

- Com a ajuda do mapa ao lado, complete o quadro abaixo.

| Região | Estados e Distrito Federal | Sigla | Capital |
|---|---|---|---|
| _____ | Acre | AC | Rio Branco |
| | Amapá | AP | Macapá |
| | _____ | AM | Manaus |
| | Pará | PA | Belém |
| | Rondônia | RO | Porto Velho |
| | _____ | RR | Boa Vista |
| | Tocantins | TO | Palmas |
| _____ | Alagoas | AL | Maceió |
| | _____ | BA | Salvador |
| | _____ | CE | Fortaleza |
| | Maranhão | MA | São Luís |
| | Paraíba | PB | João Pessoa |
| | _____ | PE | Recife |
| | Piauí | PI | Teresina |
| | Rio Grande do Norte | RN | Natal |
| | Sergipe | SE | Aracaju |
| _____ | Espírito Santo | ES | Vitória |
| | _____ | MG | Belo Horizonte |
| | Rio de Janeiro | RJ | Rio de Janeiro |
| | _____ | SP | São Paulo |
| _____ | Paraná | PR | Curitiba |
| | Rio Grande do Sul | RS | Porto Alegre |
| | _____ | SC | Florianópolis |
| _____ | Distrito Federal | DF | Brasília |
| | _____ | GO | Goiânia |
| | Mato Grosso | MT | Cuiabá |
| | _____ | MS | Campo Grande |

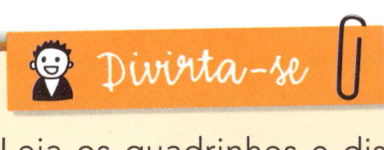

Leia os quadrinhos e discuta a questão com seus colegas.

- O que aconteceu com Alecrim e Pimenta?

Arquivo da Folha de S.Paulo. Disponível em: <www1.folha.uol.com.br/folhinha/quadri/qa29110302.htm>. Acesso em: 24 mar. 2014.

CAPÍTULO 1    33

# CAPÍTULO 2
## O espaço natural

 Você sabe a diferença entre altura e altitude? Com seu professor, discuta o que é:

### Altura

### Altitude

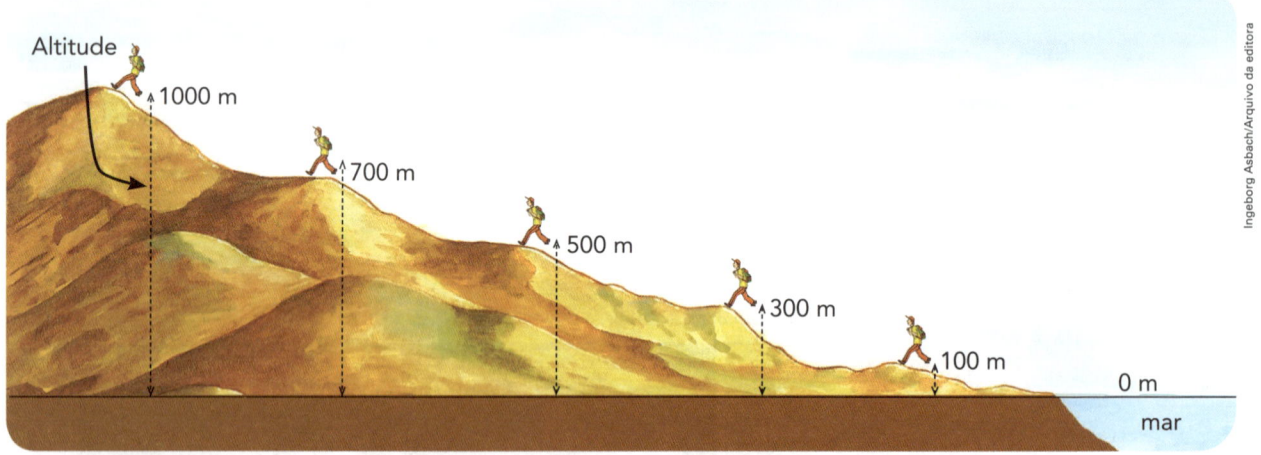

A altitude de qualquer ponto da superfície terrestre é medida a partir do nível do mar, que está a zero metro.

**1** Agora é a sua vez! Com mais três colegas meça a altura de cada um de vocês. Depois, comparem a diferença de altura entre o grupo.

**2** Você consegue perceber na sua cidade diferentes altitudes? Sua escola está na parte mais alta, mais baixa ou intermediária?

# Brasil: altitudes médias e muitos rios

Chamamos de **relevo** o conjunto das diferentes formas da superfície terrestre. Essas formas surgiram em diferentes épocas da vida do nosso planeta, estão sempre sofrendo modificações e apresentam diferentes altitudes.

Porém, antes de estudar altitude, vamos ver uma diferença importante. Será que altura e altitude significam a mesma coisa? A resposta é não.

O termo altitude é usado apenas em relação ao relevo, enquanto a altura se refere à medida de uma pessoa ou de um objeto desde a base até a parte superior.

Você viu na página ao lado como se pode medir a altura de uma pessoa. Vamos ver agora a altura de alguns dos prédios mais altos do mundo.

Observe as fotos a seguir e leia na legenda a **altura** de cada um deles.

**Burj Khalifa**
Dubai, nos Emirados Árabes Unidos, 828 m, 2013.

**Makkah Royal Clock Tower Hotel**
Meca, na Arábia Saudita, 601 m, 2012.

**Taipei 101**
Taipé, em Taiwan, 508 m, 2013.

**Shangai World Financial Center**
Xangai, na China, 492 m, 2013.

**International Commerce Center**
Hong Kong, na China, 484 m, 2013.

Para entender melhor o que é altitude, observe a ilustração abaixo. Ela representa a **altitude** de alguns dos picos mais elevados do Brasil.

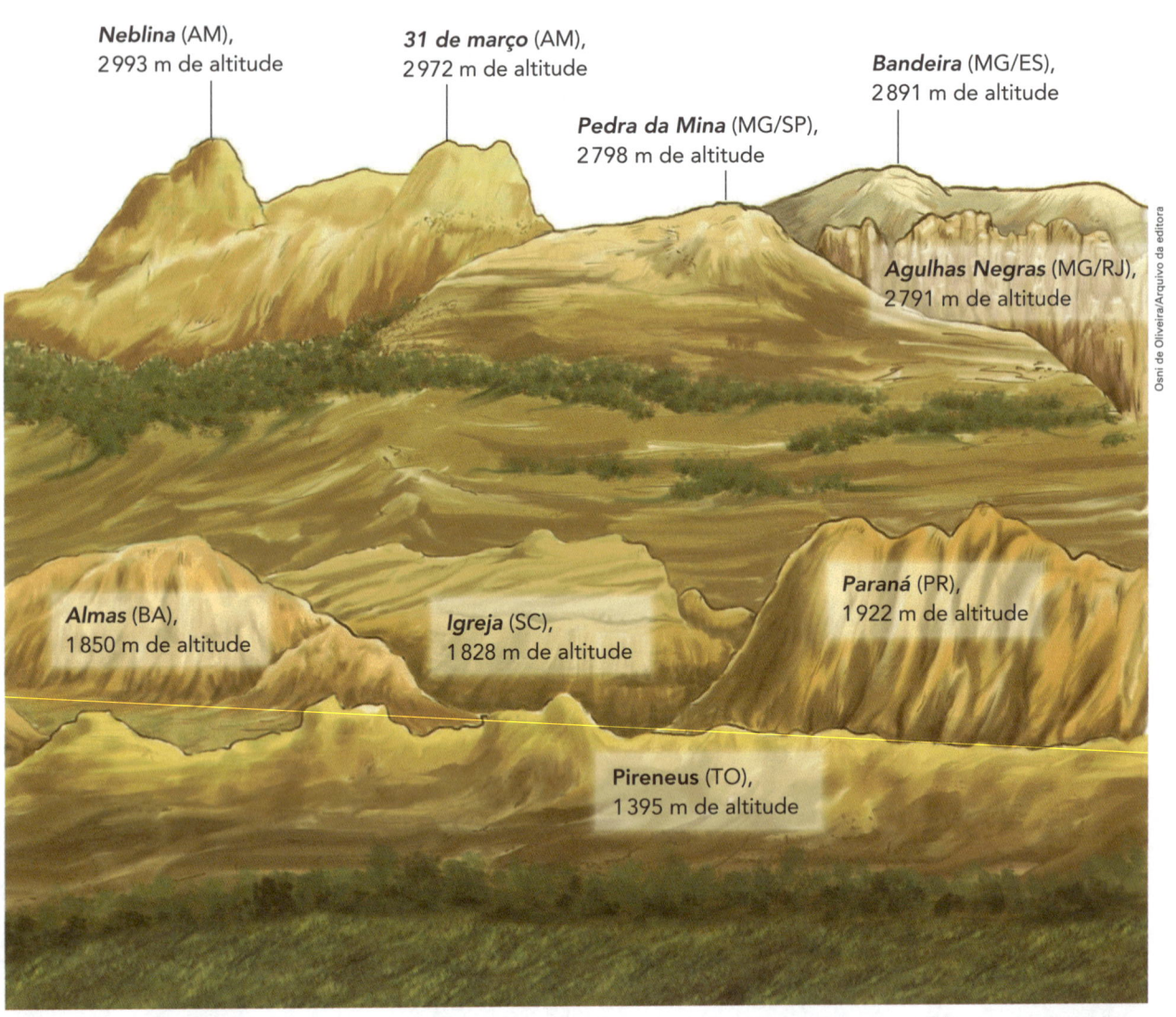

**Neblina** (AM), 2 993 m de altitude
**31 de março** (AM), 2 972 m de altitude
**Pedra da Mina** (MG/SP), 2 798 m de altitude
**Bandeira** (MG/ES), 2 891 m de altitude
**Agulhas Negras** (MG/RJ), 2 791 m de altitude
**Almas** (BA), 1 850 m de altitude
**Igreja** (SC), 1 828 m de altitude
**Paraná** (PR), 1 922 m de altitude
**Pireneus** (TO), 1 395 m de altitude

Osni de Oliveira/Arquivo da editora

Estes picos mais altos foram reunidos nesta ilustração para você poder comparar as diferentes altitudes.

**1** Procure descobrir a altitude da cidade onde você mora. Assim, saberá a quantos metros ela está em relação ao nível do mar. Anote abaixo.

_____

**2** No estado onde você mora tem algum pico com alta altitude? Em caso afirmativo, anote o nome dele.

_____

**3** Anote o nome de dois estados brasileiros que possuem os picos com maiores altitudes.

_____

Veja agora a **altitude** de alguns dos picos mais elevados do mundo.

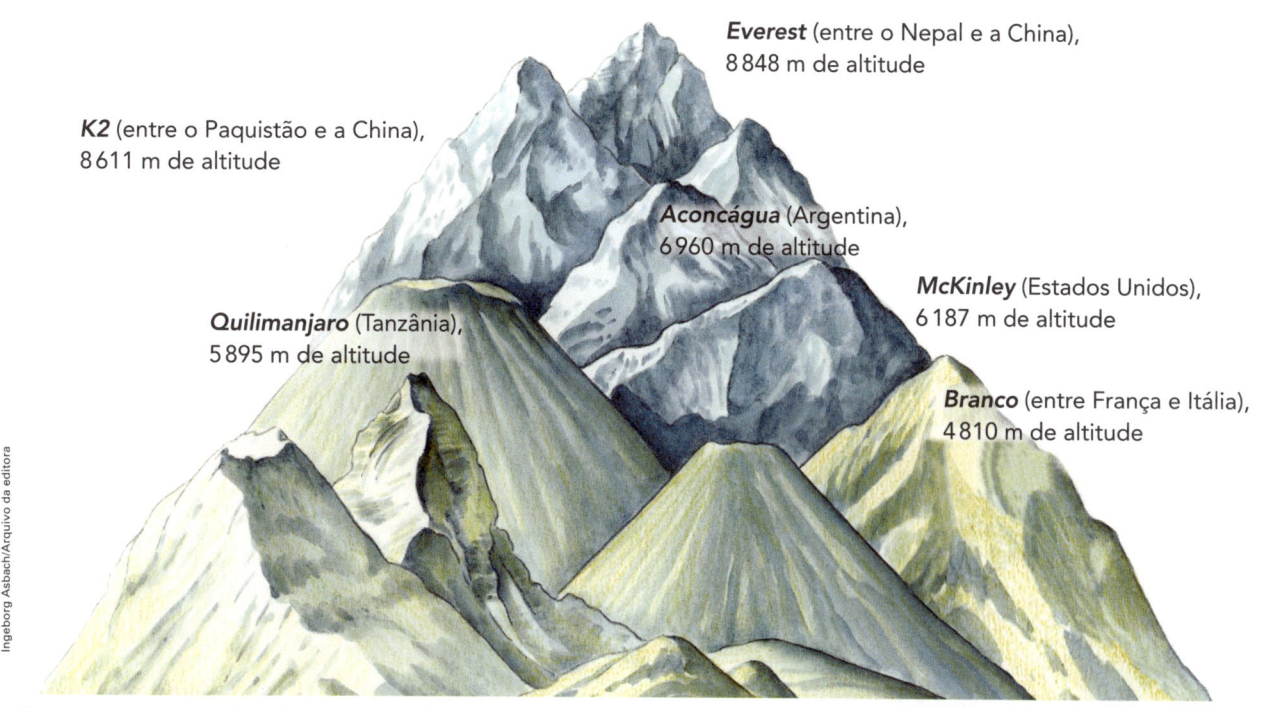

*Everest* (entre o Nepal e a China), 8 848 m de altitude

*K2* (entre o Paquistão e a China), 8 611 m de altitude

*Aconcágua* (Argentina), 6 960 m de altitude

*McKinley* (Estados Unidos), 6 187 m de altitude

*Quilimanjaro* (Tanzânia), 5 895 m de altitude

*Branco* (entre França e Itália), 4 810 m de altitude

Estes picos mais altos foram reunidos nesta ilustração para você poder comparar as diferentes altitudes.

**1** Um desafio para você: Imagine-se primeiro numa praia — nível do mar — e, depois, no alto do monte Everest. Sua altura seria a mesma ou mudaria? Por quê? Responda oralmente.

**2** Compare o pico mais elevado do Brasil com o pico mais elevado do mundo. Qual é a diferença de altitude entre eles? _____

**3** Vamos fazer agora um gráfico com as diferentes altitudes dos picos mais elevados do mundo. Complete-o com os dados de cada pico.

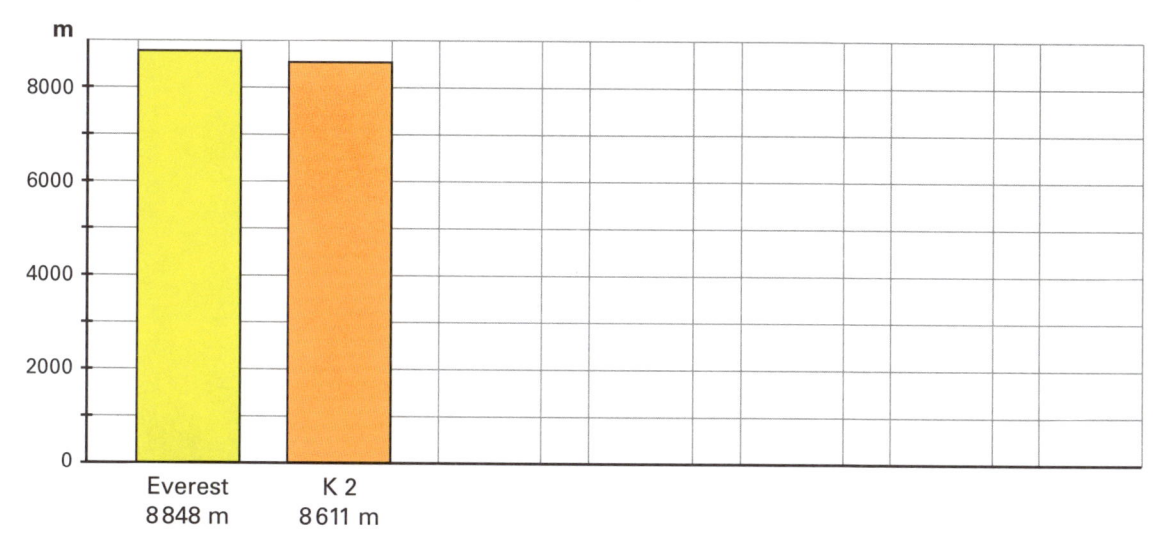

| m | | |
|---|---|---|
| 8000 | Everest 8 848 m | K 2 8 611 m |
| 6000 | | |
| 4000 | | |
| 2000 | | |
| 0 | | |

CAPÍTULO 2

Como podemos representar as diferentes altitudes no mapa, que é plano?

Para entender a ideia, primeiro acompanhe os exemplos com a altura, para depois trabalhar com a altitude. Observe as duas imagens a seguir.

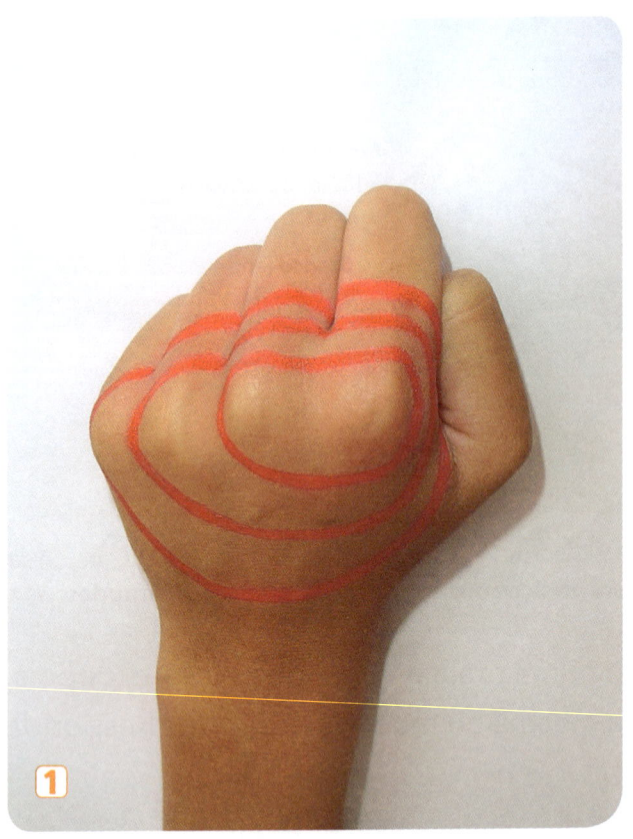

Foram traçadas três curvas sobre a mão fechada para mostrar alturas diferentes. Faça o mesmo: feche a sua mão e trace as três curvas, como na foto acima.

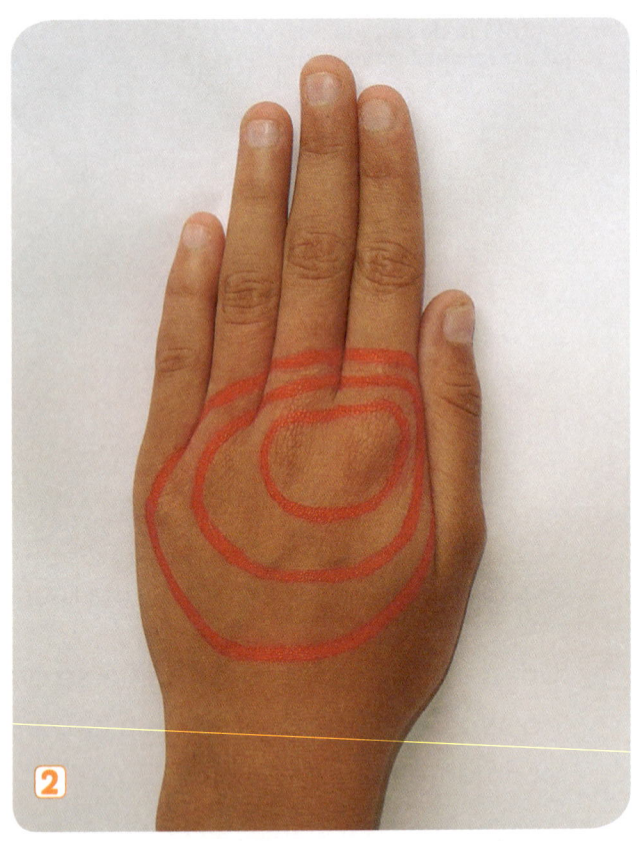

Agora fique com a mão aberta, como na foto acima. Olhando para esta foto, você consegue identificar a curva da parte que antes era a mais elevada da mão? E a curva da parte mais baixa?

1. Copie as curvas da foto 2 em uma folha de papel transparente. Para conseguir identificar a parte mais elevada e as partes mais baixas, pinte a parte interna de cada curva com uma cor. Cada cor representará uma altura diferente.

2. Agora, pinte a parte mais baixa com uma cor mais clara e, conforme vai ficando mais elevado, use cores mais fortes. Cole o seu desenho ao lado.

**38** UNIDADE 1

Podemos também representar diferentes alturas no plano (no papel) utilizando maquetes. Acompanhe o passo a passo e depois faça o que se pede.

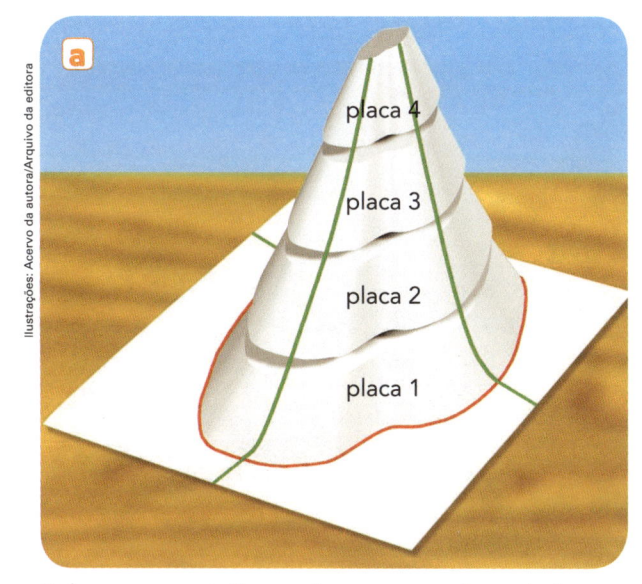

**a**

Sobre uma cartolina, coloque uma placa de isopor, que servirá de base (placa 1), e sobre ela coloque outras três placas menores, fazendo uma maquete. Trace linhas de referência (veja as linhas em verde). Observe que há partes mais elevadas e partes mais baixas.

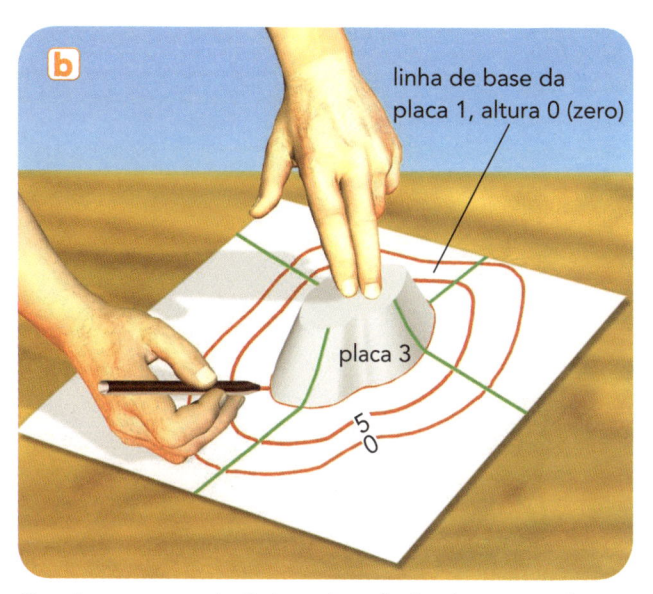

**b**

Continue traçando linhas de referência em verde na cartolina, pois elas vão ajudar a colocar as placas de isopor no lugar certo. Passe a sua maquete para o papel — da parte mais baixa (base) à mais elevada (topo), uma parte de cada vez. Contorne cada placa.

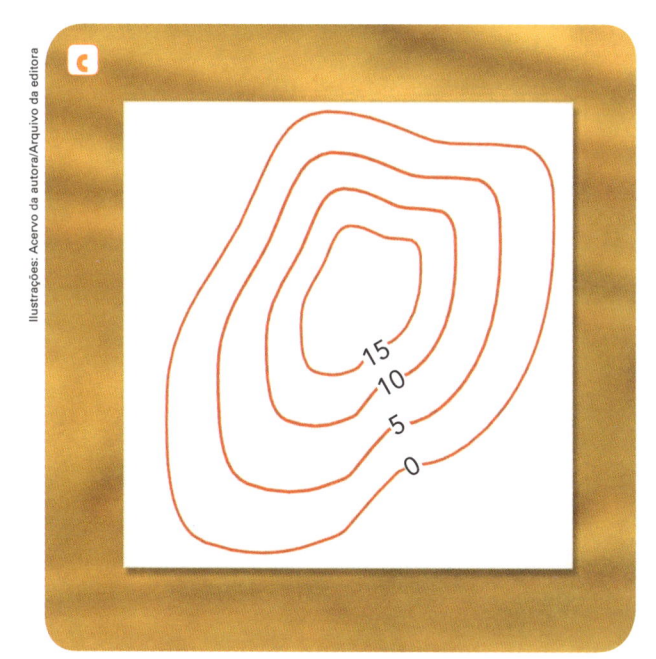

**c**

Observe como ficou o desenho. As curvas aparecem uma dentro da outra. Você consegue saber qual representa a parte mais elevada e qual representa a mais baixa? Converse sobre isso com um colega.

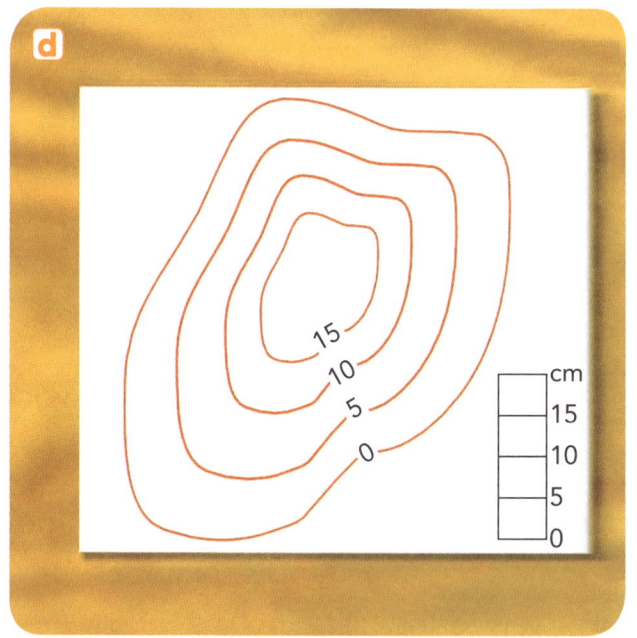

**d**

Do mesmo modo que foi feito nas atividades da página anterior, você pode pintar o desenho usando cores claras e cores mais fortes. Depois, faça uma legenda com essas cores para identificar as alturas.

Você já viu como representar alturas nas duas atividades anteriores. Agora você vai representar altitudes no plano (no papel).

Este é o morro do Pão de Açúcar, no Rio de Janeiro:

Observe na figura abaixo como estão representadas as curvas de nível, ou seja, as linhas que unem os pontos de mesma altitude do morro.

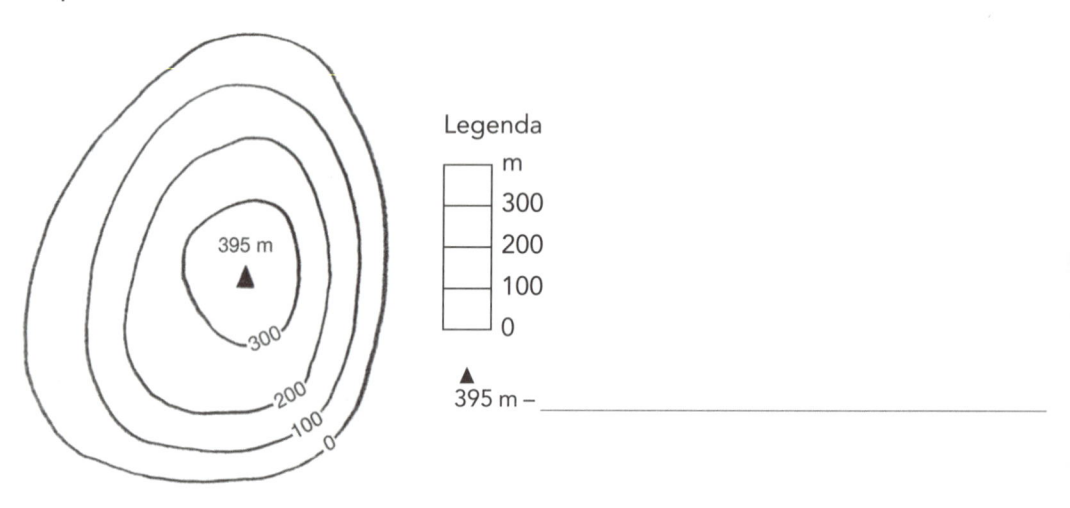

Legenda
m
300
200
100
0

▲
395 m – _____

Utilizando essas curvas de nível, você fará o mapa de altitudes do morro do Pão de Açúcar da mesma forma que nos exemplos anteriores.

**1** Pinte os espaços entre as curvas de nível do Pão de Açúcar. Lembre-se: as partes mais baixas devem ser pintadas com cores mais claras e as mais elevadas, com cores mais fortes.

**2** No final, faça a legenda preenchendo os quadradinhos ao lado das curvas de nível.

**3** Identifique o que está representado pelo símbolo ▲. Anote acima, junto das curvas de nível.

Observe agora o mapa do Brasil e veja como estão representadas as diferentes altitudes. Depois responda:

**Brasil – Físico**

M. E. Simielli. *Geoatlas*. São Paulo: Ática, 2013.

**1** Quais são as altitudes predominantes no Brasil? _____

**2** Faça no mapa o contorno das áreas de maior altitude.

**3** Volte à página 32 e copie a rosa dos ventos em papel transparente. Coloque-a no centro do mapa acima e responda:

　**a)** Em que direção fica o pico mais elevado do Brasil? _____

　**b)** Qual é o nome desse pico e a sua altitude? _____

　**c)** Qual é o pico ou morro que se localiza mais perto de onde você mora? Qual é a altitude dele? _____

No Brasil, temos como principais formas de relevo os **planaltos**, as **planícies** e as **depressões**. Observe a ilustração e as fotos.

PLANALTO

Planaltos são superfícies elevadas, mais ou menos planas, inclinadas em uma direção. Neles ocorre geralmente muita erosão. Nos planaltos brasileiros são encontradas **serras** e **chapadas**. Na foto, planalto no estado de São Paulo.

SERRA

Serras são superfícies com fortes desníveis, como as escarpas de planaltos. Na foto, serra no litoral do estado de Santa Catarina.

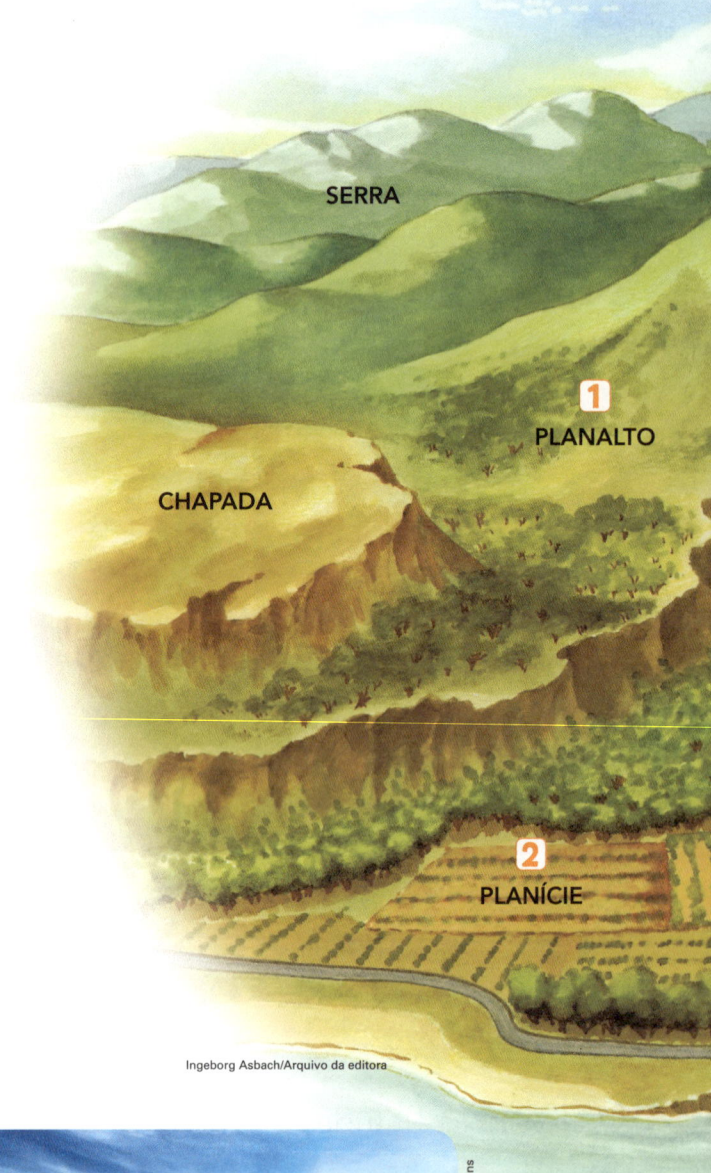

CHAPADA

Chapadas são planaltos com o topo plano, em forma de mesa. Na foto, Chapada Diamantina, no estado da Bahia.

**PLANÍCIE**

Planícies são superfícies planas ou pouco onduladas, geralmente situadas em baixas altitudes e caracterizadas pela **sedimentação**. Na foto, fazenda Rio Negro, no Pantanal, no estado de Mato Grosso do Sul.

**DEPRESSÃO**

Depressões são áreas rebaixadas entre áreas mais elevadas (planaltos). Apresentam formas planas ou levemente onduladas. Na foto, depressão no Parque Nacional dos Veadeiros, no estado de Goiás.

### E as cadeias de montanhas?

Montanhas são áreas muito elevadas, com as laterais bastante inclinadas. Geralmente aparecem agrupadas, formando cadeias montanhosas ou cordilheiras. No Brasil não existem cadeias de montanhas.
Na foto, montanhas do Tibete, na China.

CAPÍTULO 2

Observe no mapa como estão distribuídas as principais formas de relevo do Brasil.

**Brasil – Relevo**

M. E. Simielli. *Geoatlas*. São Paulo: Ática, 2013.

**1** Qual é a forma de relevo predominante no Brasil? E no estado onde você mora?

_____

**2** Que forma de relevo acompanha o rio Amazonas, maior rio brasileiro em extensão?

_____

**3** Essa forma de relevo que acompanha o rio Amazonas tem elevadas ou baixas altitudes? Para responder, observe o mapa da página 41. _____

### Leia mais

Observe no mapa onde se localizam as maiores cadeias de montanhas e os picos mais altos do mundo, depois leia o texto.

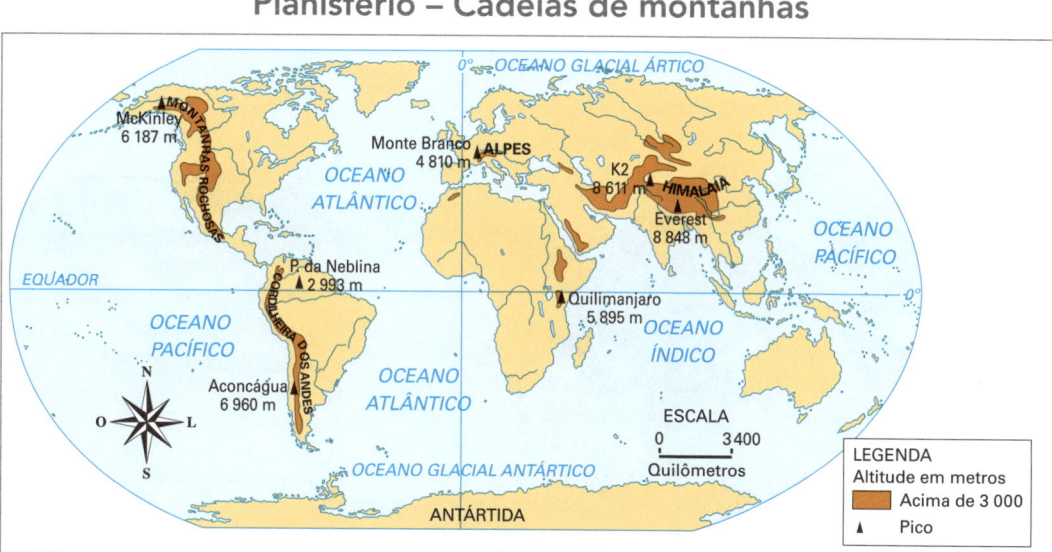

**Planisfério – Cadeias de montanhas**

Mapa elaborado pela autora em 2014, com base em *Atlas geográfico escolar*. Rio de Janeiro: IBGE, 2012.

## À beira do precipício

Os alpinistas brasileiros Vitor Negrete e Rodrigo Raineri estão acampados em uma plataforma de gelo a 6 700 metros de altitude, na face sul do Aconcágua. Faltam aproximadamente 300 metros para concluir a escalada vitoriosa de uma das maiores montanhas do mundo. Mas, de madrugada, persiste a forte **nevasca** que os castiga desde as três da tarde. Os dois homens vão sendo empurrados para fora do **platô**, até ficarem pendurados em cordas presas aos cintos, à beira de um precipício. Vão ter de esperar o dia clarear para retomar a subida. Foram os piores momentos que os alpinistas tiveram de superar numa jornada que durou sete dias.

Adaptado de: João Maurício da Rosa. *Jornal da Unicamp*. Disponível em: <www.unicamp.br/unicamp/unicamp_hoje/ju/fev2002/unihoje_ju170pag02.html>. Acesso em: 27 mar. 2014.

**1** Qual é a montanha descrita no texto? Em que conjunto montanhoso ela se situa?

_____

**2** Dê o nome de mais dois conjuntos montanhosos do globo.

_____

**3** Que caminho os alpinistas escolheram para a escalada? Por quê?

Os rios correm sempre de lugares de maior altitude para lugares de menor altitude. Suas águas retiram sedimentos das partes mais altas (dos planaltos, por exemplo) e os depositam nas partes mais baixas (como as planícies).

Observe a ilustração:

1. **Nascente**: lugar onde o rio nasce.
2. **Afluente**: rio que deságua em outro rio.
3. **Foz**: lugar onde o rio termina, isto é, onde lança suas águas – pode ser em outro rio, no mar ou num lago.

- Identifique, na ilustração, com o número 1 as nascentes, com o número 2 os afluentes e com o número 3 as fozes dos rios.

A área ocupada por um rio principal e seus afluentes é chamada de bacia hidrográfica. Observe no mapa abaixo a divisão das bacias hidrográficas brasileiras.

**Brasil – Bacias hidrográficas**

Direção dos rios

a) São Francisco:
_____
_____

b) Paraná:
_____
_____

c) Tietê:
_____
_____

**1** Qual é a maior bacia hidrográfica brasileira em extensão?
_____

**2** Cite a principal bacia hidrográfica do estado onde você mora.
_____

**3** Leia as informações a seguir, coloque a rosa dos ventos sobre o mapa e preencha o quadro acima com a direção em que correm os rios selecionados.

a) O rio São Francisco nasce na serra da Canastra e tem sua foz no oceano Atlântico. Em que direção ele corre?

b) O rio Paraná, depois de percorrer estados brasileiros e outros países, despeja suas águas no oceano Atlântico. Em que direção ele corre?

c) O rio Tietê nasce na serra do Mar e tem sua foz no rio Paraná. Em que direção ele corre?

CAPÍTULO 2 47

# Um país tropical

Diariamente a televisão, o rádio e os jornais dão notícias sobre as condições do tempo: como está o tempo hoje, como estará amanhã, se vai fazer frio ou calor, se vai chover ou não. Em geral, usamos a palavra tempo para indicar as condições da atmosfera, principalmente a temperatura e a umidade. Observe o mapa a seguir.

**Brasil – Previsão do tempo (16 de junho de 2013)**

Adaptado de: *Folha de S.Paulo*, 16 jun. 2013.

**1** Que tempo predominou nas capitais brasileiras? _____

**2** Quais capitais apresentaram céu claro? _____

_____

**3** Os números que aparecem abaixo do nome das capitais indicam a temperatura mínima (mais baixa) e a máxima (mais alta) ao longo do dia. A temperatura é medida em graus: 23° = 23 graus. Sabendo disso, responda:

a) Qual capital teve previsão de temperatura mais alta? _____

b) Onde fez mais frio? _____

c) Qual foi a previsão do tempo para a capital do seu estado? _____

O clima de um lugar depende das condições do tempo que nele predominam a maior parte do ano e que se repetem ano após ano.

Nosso planeta recebe a luz e o calor do Sol mais diretamente em algumas regiões, por isso, ele pode ser dividido em **zonas climáticas**.

São três as zonas climáticas da Terra, separadas por linhas imaginárias.

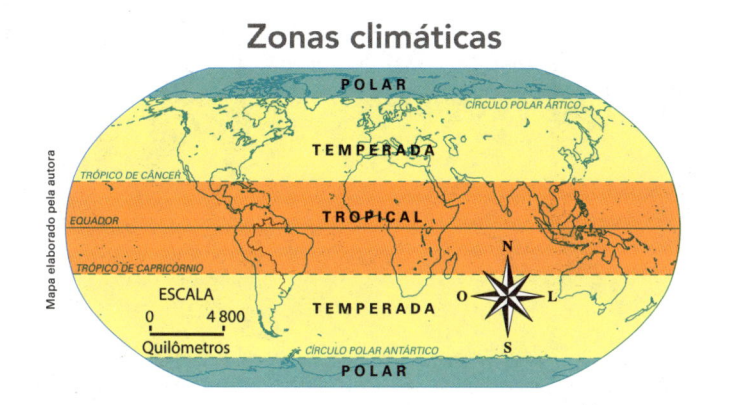

**Zonas climáticas**

**Zona polar**
Nestas zonas faz muito frio o ano todo, as terras são geladas e praticamente não são habitadas.

**Zona temperada**
As estações do ano são bem definidas e as temperaturas são mais baixas que na zona tropical.

**Zona tropical**
Nesta zona faz calor praticamente o ano todo, sobretudo nas áreas próximas à linha do equador.

Como se pode ver no planisfério, o Brasil está quase inteiramente na zona tropical, que é a região mais quente do planeta Terra. Por essa razão, os climas brasileiros são predominantemente quentes. A região Sul é a única que está fora dessa zona.

**1** Com base no mapa ao lado, responda:

- Qual é o tipo de clima que predomina em seu estado?

_____
_____
_____
_____

**Brasil – Clima**

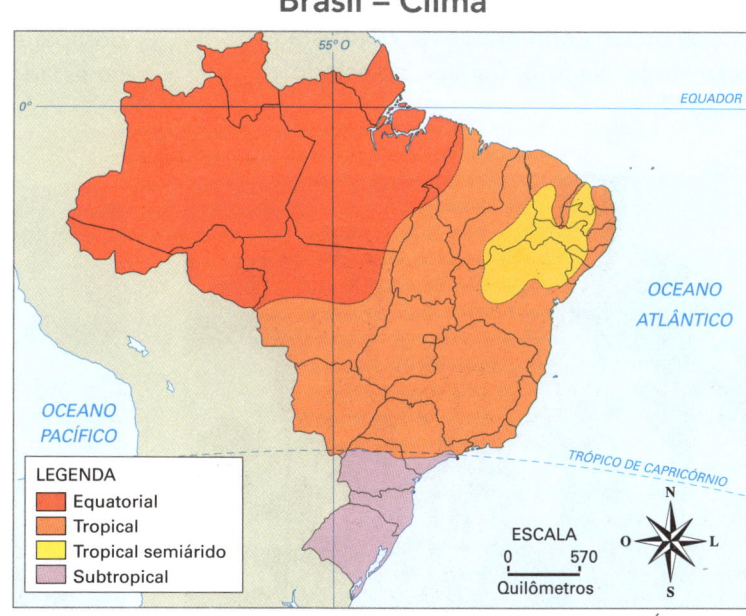

LEGENDA
- Equatorial
- Tropical
- Tropical semiárido
- Subtropical

M. E. Simielli. *Geoatlas*. São Paulo: Ática, 2013.

**2** Leia o texto e responda oralmente:

Nas férias de julho, Andreia vai visitar sua avó em Picos, no interior do Piauí. Já arrumou a mala: vai levar *shorts*, camisetas, chinelos, guarda-chuva e um casaco grosso, que aquece bem.

Texto elaborado pela autora.

- Você acha que Andreia arrumou a mala corretamente? Por quê?

Os diferentes tipos de vegetação que existem no Brasil dependem do tipo de clima e do solo do local onde estão.

Observe nas fotos a seguir as principais paisagens vegetais típicas do Brasil, e leia nas legendas as características de cada uma delas.

**Floresta Amazônica:** Vários tipos de vegetais de diferentes alturas, árvores muito altas e próximas umas das outras. Originalmente, estendia-se por mais da metade do território brasileiro. Hoje está bastante desmatada. Na foto, Caracaí, no estado de Roraima, 2012.

**Mata Atlântica:** Semelhante ao que ocorre com a floresta Amazônica, a mata Atlântica reúne formações vegetais variadas, de árvores altas até plantas rasteiras. Está quase desaparecida de sua área original. Na foto, Santo André, no estado de São Paulo, 2011.

**Mata de Cocais:** Formada principalmente por duas espécies de palmeira: a carnaúba e o babaçu. Ocupa parte dos estados do Maranhão e do Piauí. Na foto, Rosário, no estado do Maranhão, 2013.

**Mata dos Pinhais:** Aparece nas áreas frias e de maior altitude do sul do Brasil.
A espécie predominante é o pinheiro-do-paraná. Na foto, Cambará do Sul, no estado do Rio Grande do Sul, 2012.

**Caatinga:** A vegetação está adaptada à falta de água. Quase todas as plantas perdem as folhas na época da seca. Na época da chuva ela é verde e viçosa. Predomina no sertão do Nordeste. Na foto, Rio do Pires, no estado da Bahia, 2014.

**Campos:** Aparecem no Sul do Brasil. São formados por gramíneas e ervas baixas.
Na foto, São Gabriel, no estado do Rio Grande do Sul, 2014.

**Vegetação litorânea:** Acompanha o litoral. São os mangues e a vegetação das dunas. Na foto, mangue em Ipojuca, no estado de Pernambuco, 2013.

**Cerrado:** Tipo de vegetação caracterizado por pequenas árvores de troncos torcidos e recurvados e de folhas grossas espalhadas em meio a uma vegetação rala e rasteira, misturando-se, às vezes, com campos limpos ou matas de árvores não muito altas.
Predomina no centro-oeste do Brasil.
Na foto, Pirenópolis, no estado de Goiás, 2012.

**Vegetação do Pantanal:** É muito variada; às vezes mata fechada, às vezes campos limpos ou cerrados. Aparece na área do Pantanal. Na foto, Poconé, no estado de Mato Grosso, 2014.

CAPÍTULO 2

Como já sabemos, alguns tipos de vegetação estão quase desaparecidos de sua área original. Observe no mapa abaixo onde se localizavam cada um dos tipos de vegetação natural do Brasil.

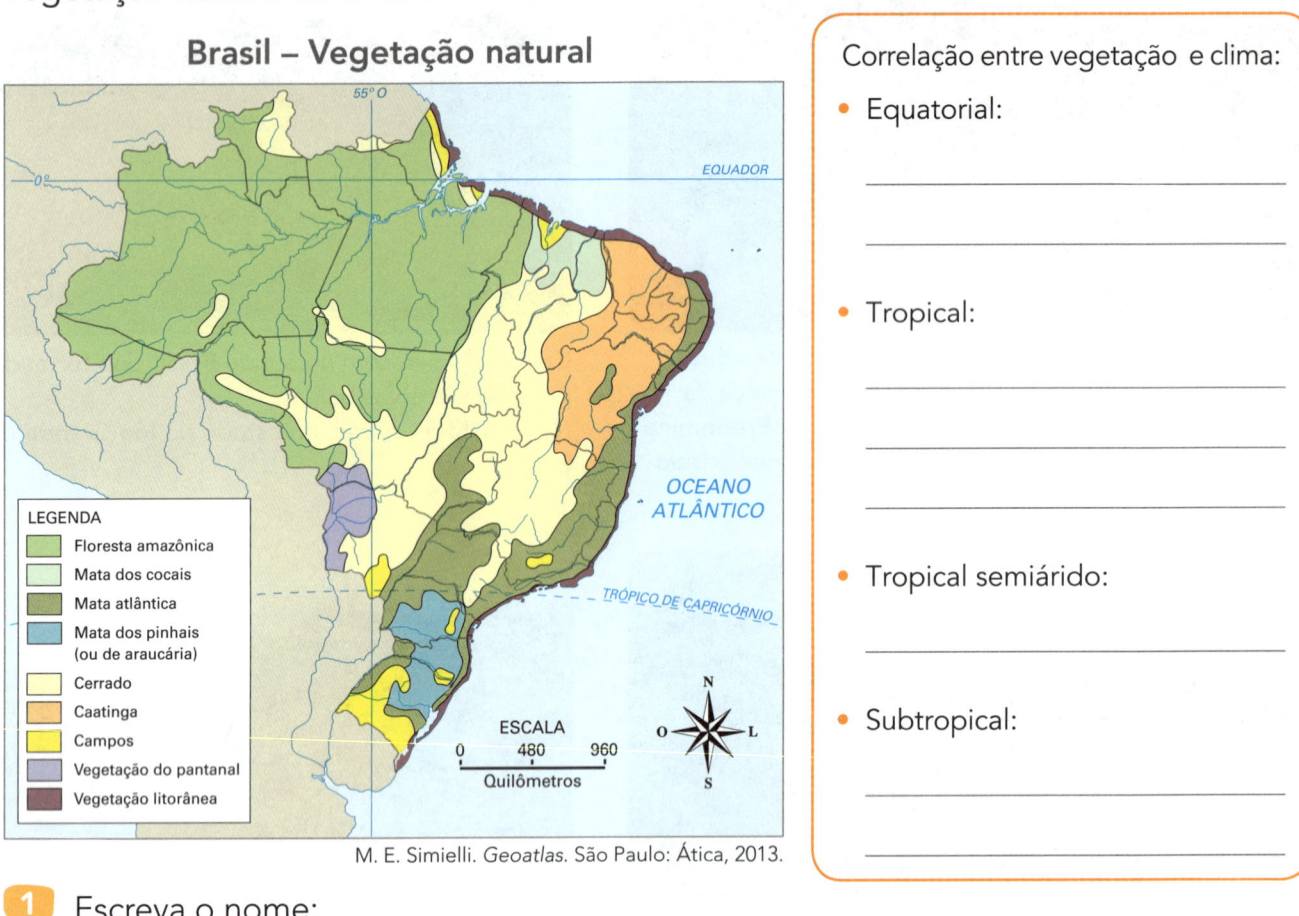

**Brasil – Vegetação natural**

LEGENDA
- Floresta amazônica
- Mata dos cocais
- Mata atlântica
- Mata dos pinhais (ou de araucária)
- Cerrado
- Caatinga
- Campos
- Vegetação do pantanal
- Vegetação litorânea

M. E. Simielli. *Geoatlas*. São Paulo: Ática, 2013.

Correlação entre vegetação e clima:

- Equatorial: _____

- Tropical: _____

- Tropical semiárido: _____

- Subtropical: _____

**1** Escreva o nome:

a) da floresta e das matas originais que existem no Brasil. _____

b) da vegetação natural que predomina no estado onde você mora.

_____

**2** Como você sabe, o tipo de vegetação se relaciona com o tipo de clima de um lugar. Compare o mapa acima com o mapa de clima da página 49. Escreva no quadro ao lado do mapa o nome da vegetação natural predominante na região dos tipos de clima selecionados.

**3** Observe novamente as paisagens das páginas 50 e 51. Qual delas retrata a vegetação natural do estado onde você mora? _____

**52** UNIDADE 1

Grande parte da vegetação natural do Brasil e do restante do mundo foi modificada ou desapareceu por causa da ação dos seres humanos. Eles a modificaram para fazer cultivos, pastos, construir cidades ou estradas.

Compare o mapa abaixo com o da página anterior.

**Brasil – Vegetação atual**

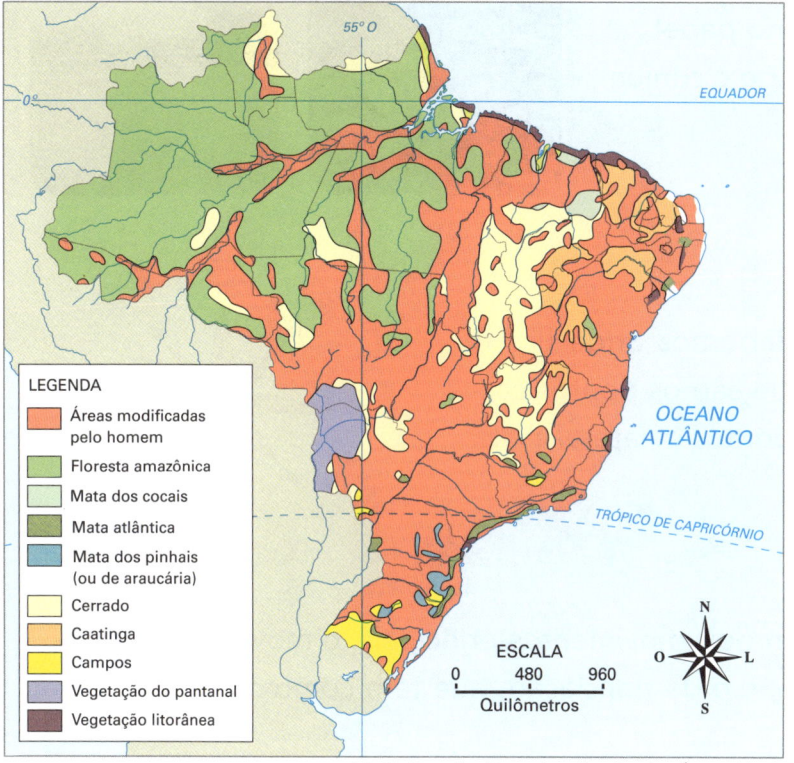

LEGENDA
- Áreas modificadas pelo homem
- Floresta amazônica
- Mata dos cocais
- Mata atlântica
- Mata dos pinhais (ou de araucária)
- Cerrado
- Caatinga
- Campos
- Vegetação do pantanal
- Vegetação litorânea

M. E. Simielli. *Geoatlas*. São Paulo: Ática, 2013.

**1** O que aconteceu com a mata Atlântica e com a mata dos Pinhais?

_____
_____
_____
_____

**2** O que está acontecendo com o cerrado e com a floresta Amazônica?

_____
_____
_____
_____

### Divirta-se

- Observe os quadrinhos e escreva no caderno um pequeno texto sobre a importância das árvores.

XAXADO — CEDRAZ

© 2014 Cedraz/ipress

CAPÍTULO 2 **53**

# O que estudamos

**UNIDADE 1**

- Estudamos como os lugares podem ser reduzidos para serem representados no papel.
- De perto vemos detalhes e de longe o conjunto de um lugar.

- Agora podemos nos localizar. Sabemos onde fica o norte, o sul, o leste e o oeste, que são os pontos cardeais. Conhecemos também os pontos colaterais: NE, SE, SO e NO.

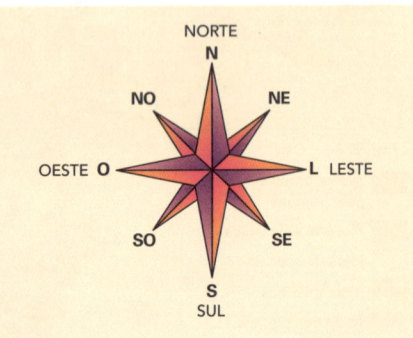

- Ficamos sabendo que a Terra tem dois movimentos principais: o movimento de rotação, que nos dá o dia e a noite, e o de translação, que tem como consequência as estações do ano.

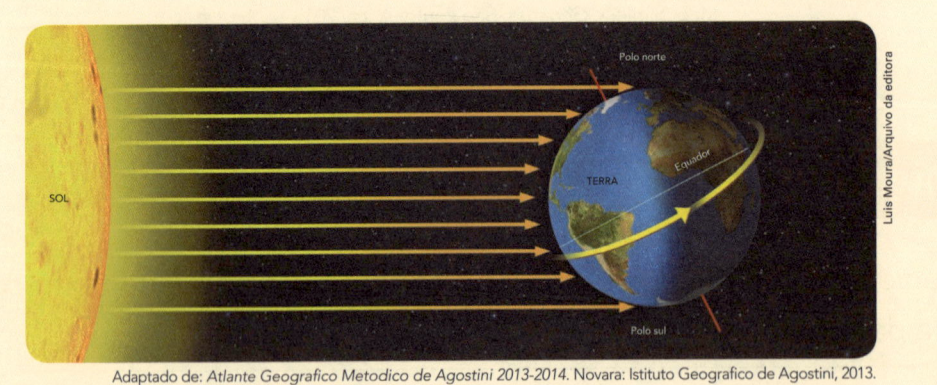

Adaptado de: *Atlante Geografico Metodico de Agostini 2013-2014*. Novara: Istituto Geografico de Agostini, 2013.

- Estudamos também que:
No Brasil temos planaltos, planícies e depressões. E existem diferenças importantes entre esses tipos de relevo. Como é o relevo da sua cidade?

- Os tipos de vegetação no Brasil são vários, desde diferentes florestas e matas, cerrado, caatinga, campos até vegetação do Pantanal e vegetação litorânea.

# Desenhando também aprendo

Os desenhos abaixo representam assuntos importantes estudados em cada capítulo da Unidade 1.

**1** Observe os desenhos atentamente.

### Unidade 1 – Conhecendo o Brasil

**Capítulo 1. O espaço mundial**

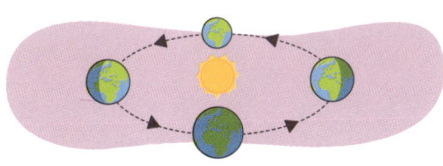

**Capítulo 2. O espaço natural**

**2** Agora é a sua vez! Para cada capítulo, faça um desenho do que você mais gostou ou achou importante estudar na primeira unidade deste livro. Se preferir, faça uma colagem.

55

# UNIDADE 2

## Vivendo no Brasil

# CAPÍTULO 1
## Nós, os brasileiros

Leia o texto e observe as fotos.

Art. 5º Todos são iguais perante a lei, sem distinção de qualquer natureza, garantindo-se aos brasileiros e aos estrangeiros residentes no país a inviolabilidade do direito à vida, à liberdade, à igualdade, à segurança e à propriedade [...].

Constituição da República Federativa do Brasil de 1988, cap. 1.

Capa da Constituição, 1988.

Promulgação da Constituição brasileira, em Brasília, no Distrito Federal, 1988.

Discuta com seus colegas e o professor:

1. A Constituição brasileira diz que "todos são iguais perante a lei". O que isso significa?

2. Será que todos os brasileiros têm possibilidades iguais de estudar e trabalhar?

# Quantos somos?

O Brasil é um dos países mais populosos do mundo.

De acordo com o último **recenseamento**, em 2010 éramos mais de 190 milhões de habitantes, distribuídos de modo desigual pelo território brasileiro. A contagem da população brasileira é feita através de recenseamentos realizados geralmente de dez em dez anos pelo IBGE (Instituto Brasileiro de Geografia e Estatística).

No mundo somos mais de 7,3 bilhões de pessoas, mas a distribuição dessa população também é bastante desigual, ou seja, há lugares com muita e outros com pouca gente.

Cerca de metade da população mundial vive na Ásia. No entanto, nessa parte do mundo, há também grandes vazios populacionais.

Veja as fotos a seguir:

Rua movimentada em Pequim, na China, 2013.

Vista do monte Everest, no Nepal, 2013.

**1** Faça esse mesmo tipo de comparação para o Brasil e identifique uma região com alta concentração populacional e outra com pouca gente.

**2** Procure em jornais, revistas ou na internet uma imagem que represente cada situação (alta e baixa concentração populacional). Cole as duas imagens no seu caderno ou, se preferir, faça um desenho. Depois mostre ao professor e aos colegas.

Observe o mapa e os gráficos a seguir para saber quantas são e como se distribuem as pessoas nas diferentes partes do mundo.

## População nas diferentes partes do mundo

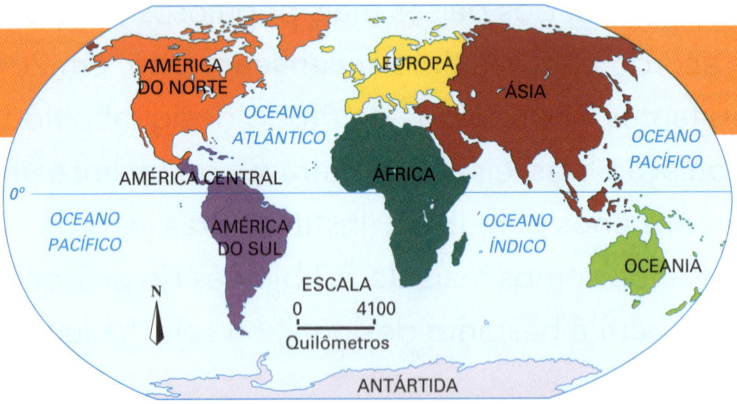

População total: 7,3 bilhões de pessoas.

- Oceania
- América do Norte
- América Central e América do Sul
- Europa
- África
- Ásia

### ANTÁRTIDA

Sem população permanente.

As pessoas que estão no continente antártico são pesquisadores que trabalham nas estações científicas. Foto de 2014.

### OCEANIA

População: 39 300 000

Cada 👥 equivale a milhões de pessoas.

A Oceania tem uma população reduzida. Muitas pessoas vivem nas grandes cidades da Austrália e da Nova Zelândia. Existem áreas do interior da Austrália que são desabitadas. Na foto, Parque Nacional Uluru – Kata Tjuta, na Austrália, 2014.

### AMÉRICA DO NORTE

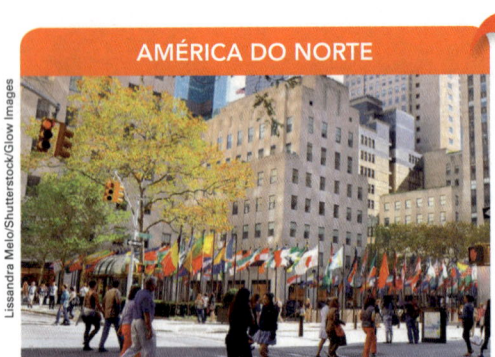

A população da América do Norte é formada por povos que para lá migraram. E por indígenas também. Na foto, Nova Iorque, nos Estados Unidos da América, 2013.

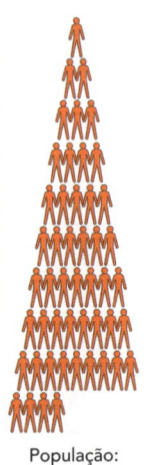

População: 486 300 000

### AMÉRICA CENTRAL E AMÉRICA DO SUL

A maioria das pessoas da América do Sul e da América Central é descendente dos povos nativos e dos colonos espanhóis ou portugueses. Na foto, Tarija, na Bolívia, 2012.

População: 504 800 000

**UNIDADE 2**

## EUROPA

A Europa é um pequeno continente com uma grande população, por isso encontra-se superpovoada. Na foto, Berlim, na Alemanha, 2013.

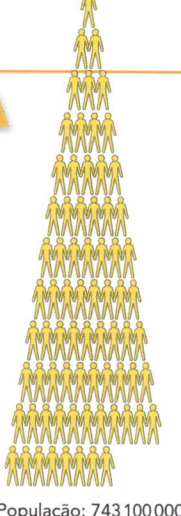

População: 743 100 000

## ÁFRICA

Os habitantes da África pertencem a muitos grupos diferentes. Existem mais de quinhentos dialetos africanos. Na foto, Harar, na Etiópia, 2012.

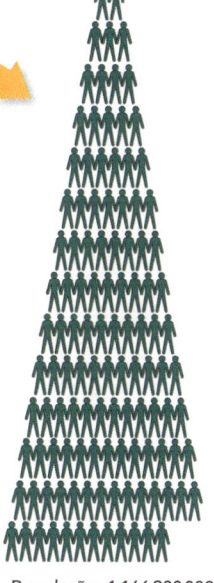

População: 1 166 200 000

## ÁSIA

A Ásia tem grandes concentrações populacionais. Regiões como o Japão e o leste da China são áreas muito povoadas. Na foto, Orissa, na Índia, 2014.

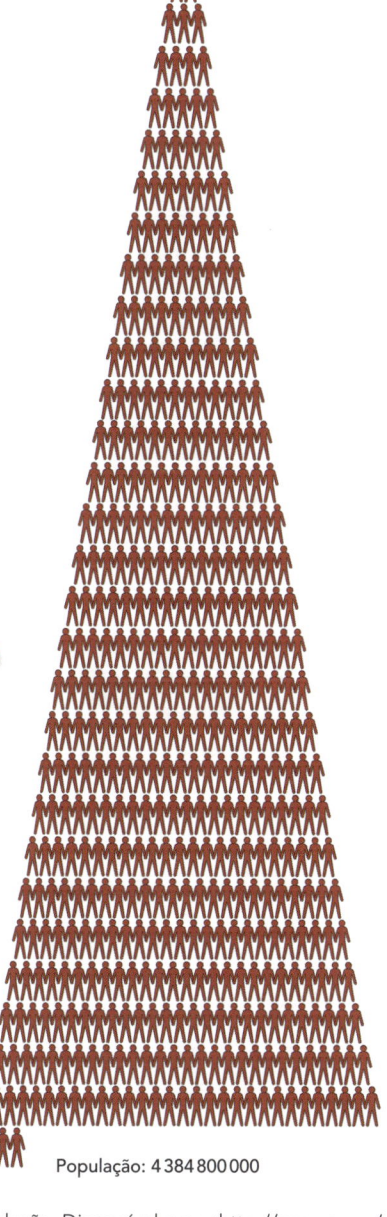

População: 4 384 800 000

Fonte: Dados de população – ONU – Divisão de População. Disponível em: <http://esa.un.org/unpd/wpp/panel_population.htm>. Acesso em: 26 fev. 2014.

CAPÍTULO 1 **61**

O mapa a seguir mostra como a população está distribuída pelo mundo e destaca os países mais populosos. Observe-o.

### Distribuição da população no mundo em 2013

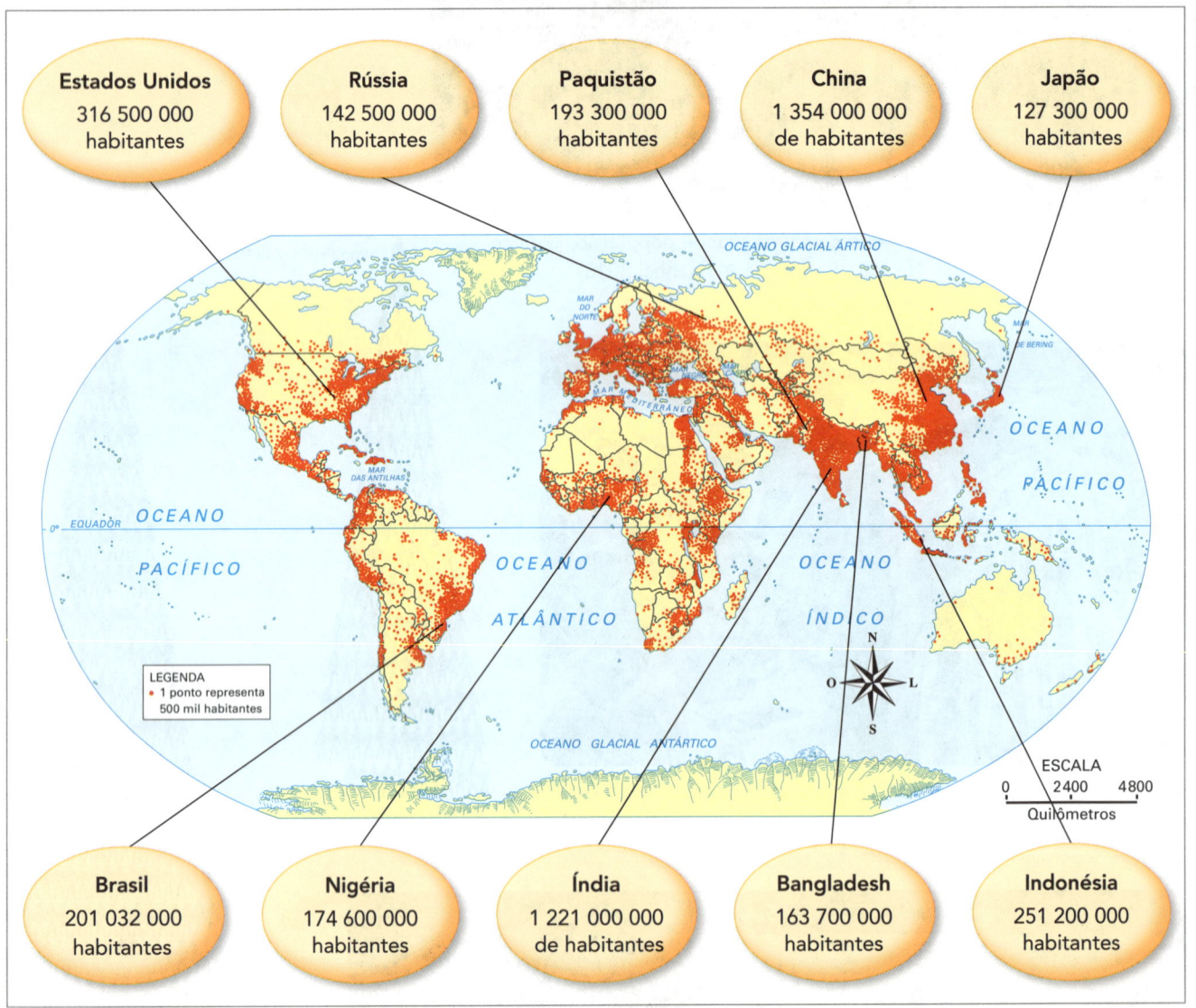

- **Estados Unidos** — 316 500 000 habitantes
- **Rússia** — 142 500 000 habitantes
- **Paquistão** — 193 300 000 habitantes
- **China** — 1 354 000 000 de habitantes
- **Japão** — 127 300 000 habitantes
- **Brasil** — 201 032 000 habitantes
- **Nigéria** — 174 600 000 habitantes
- **Índia** — 1 221 000 000 de habitantes
- **Bangladesh** — 163 700 000 habitantes
- **Indonésia** — 251 200 000 habitantes

LEGENDA
• 1 ponto representa 500 mil habitantes

ESCALA
0 — 2400 — 4800
Quilômetros

Mapa elaborado pela autora com dados de: Di Agostini, 2012, e UNITED NATIONS, Department of Economics and Social Affairs. Population Division. Disponível em: <www.un.org>. Acesso em: 13 dez. 2013.

**1** Ao observar os gráficos das páginas 60 e 61, você pode perceber que a parte do mundo onde vivem mais pessoas é a Ásia. Identifique os dois países mais populosos desse continente e do mundo. _____

**2** Qual país da América do Sul se destaca em população? _____

**3** Qual é a classificação do Brasil no conjunto dos dez países mais populosos do mundo?

_____

**UNIDADE 2**

A população de um país cresce basicamente quando:

- o número de nascimentos é maior que o número de mortes;
- recebe imigrantes vindos de outros países.

Comparando os dados dos recenseamentos de 1872 a 2010, podemos acompanhar, por exemplo, o crescimento da população brasileira nesse período.

Hoje, no Brasil, as taxas de natalidade (o número de pessoas que nascem) têm diminuído. E o país já não recebe imigrantes em grande quantidade — daí o crescimento da população brasileira ser menor atualmente.

Observe o quadro e o gráfico abaixo e depois responda às questões.

### População brasileira (1872-2010)

| Ano | População |
|---|---|
| 1872 | 9 930 478 |
| 1890 | 14 333 915 |
| 1900 | 17 438 434 |
| 1920 | 30 635 605 |
| 1940 | 41 236 315 |
| 1950 | 51 944 397 |
| 1960 | 70 992 343 |
| 1970 | 93 139 037 |
| 1980 | 119 002 706 |
| 1991 | 146 825 475 |
| 2000 | 169 799 170 |
| 2010 | 190 755 714 |

Fontes: IBGE. *Anuário Estatístico do Brasil 2000* e *Censo Demográfico 2010*.

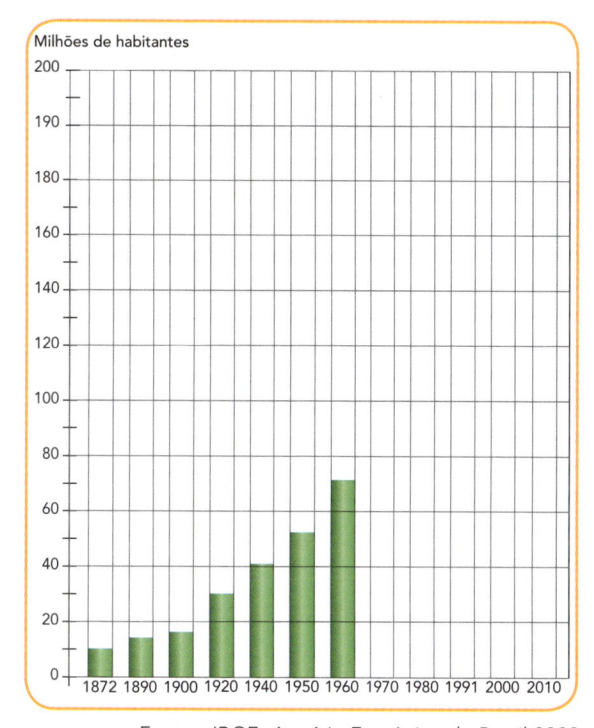

Fontes: IBGE. *Anuário Estatístico do Brasil 2000* e *Censo Demográfico 2010*.

**1** Qual era a população brasileira em 1872, quando foi feito o primeiro recenseamento oficial? _____

**2** Qual era a população brasileira no ano de 2010? _____

**3** Complete o gráfico acima com os dados da tabela.

Vamos saber mais sobre a população do nosso país. Quantos homens e quantas mulheres compõem a população brasileira?

De cada cem brasileiros, 51 são mulheres e 49 são homens.

Fonte: IBGE. Censo Demográfico 2010.

E o número de jovens, adultos e idosos? Como é essa distribuição?

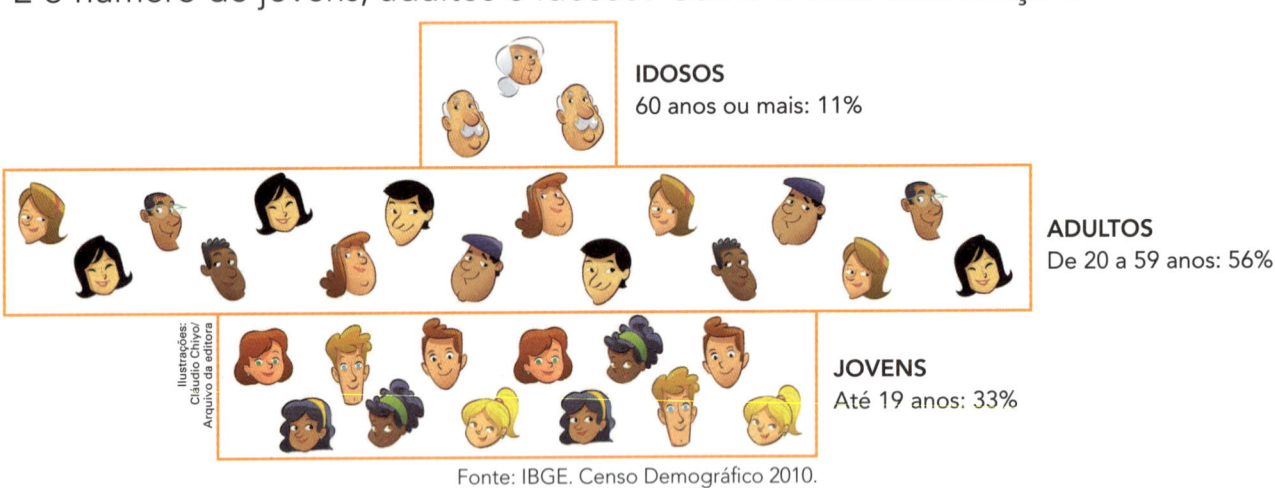

**IDOSOS**
60 anos ou mais: 11%

**ADULTOS**
De 20 a 59 anos: 56%

**JOVENS**
Até 19 anos: 33%

Fonte: IBGE. Censo Demográfico 2010.

**1** Em 2010 havia mais homens ou mais mulheres na população brasileira?
_____
_____

**2** Converse com seus colegas e tentem encontrar uma resposta para o número de mulheres um pouco maior que o de homens. Depois, anote. _____
_____
_____

**3** Em 2010, que faixa etária predominava na população brasileira?
_____

**4** Quando a maior parte da população é jovem, o governo precisa investir em escolas e creches. Quando há muitos adultos, é preciso oferecer trabalho. E quando predominam idosos, o que o governo precisa oferecer?

**64** UNIDADE 2

As pessoas estão distribuídas de forma muito desigual pelo território brasileiro. Há lugares onde mora muita gente e lugares com poucos moradores. Compare dois quarteirões na cidade onde você mora: um com casas grandes e poucas casas; o outro com um conjunto habitacional ou várias casas bem juntas.

Certamente neste quarteirão moram mais pessoas do que no primeiro.

A essa concentração maior ou menor de pessoas em um lugar chamamos de **densidade demográfica**.

De acordo com o Censo Demográfico realizado pelo IBGE, em 2010 viviam no Brasil mais de 190 milhões de pessoas em um território de 8 514 876 km².

Observe o mapa ao lado.

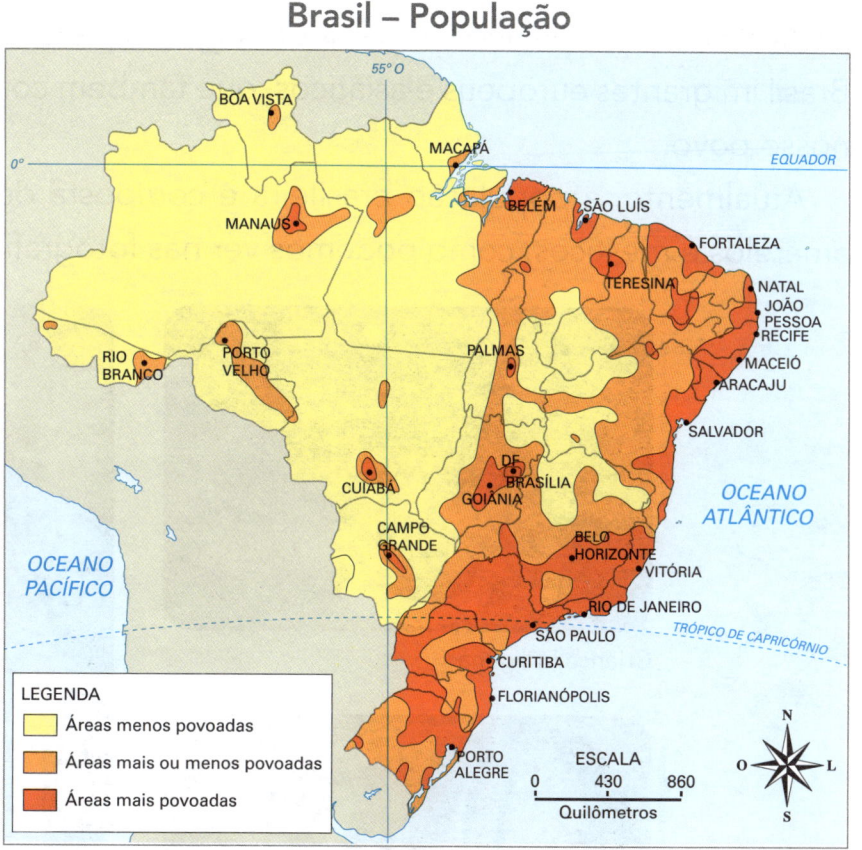

**Brasil – População**

LEGENDA
- Áreas menos povoadas
- Áreas mais ou menos povoadas
- Áreas mais povoadas

M. E. Simielli. *Atlas geográfico escolar*. São Paulo: Ática, 2013.

**1** Onde há maior concentração de pessoas: no litoral ou no interior do país?
_____

**2** Cite dois estados com menor concentração de pessoas e dois com maior concentração.
_____
_____

**3** Como é a distribuição da população no estado onde você mora?
_____
_____

CAPÍTULO 1

# Quem somos?

Os principais grupos étnicos que formaram o povo brasileiro foram os indígenas (primeiros habitantes do Brasil), os brancos (portugueses que vieram colonizar a terra) e os negros (trazidos da África como escravos).

Da mistura desses grupos surgiu um grande número de mestiços, que compõem parte da nossa população. A partir da segunda metade do século XIX, vieram para o Brasil imigrantes europeus e asiáticos, que também contribuíram para a formação do nosso povo.

Atualmente, a população brasileira é composta de indígenas, brancos, negros, amarelos e mestiços, como podemos ver nas fotografias a seguir.

Criança indígena

Criança branca

Criança negra

Criança mestiça

Criança amarela

Como são os brasileiros? Como você os descreveria?
Leia a letra desta canção e veja como o compositor classifica o povo brasileiro.

## Inclassificáveis

que preto, que branco, que índio o quê?
que branco, que índio, que preto o quê?
que índio, que preto, que branco o quê?
[...]
aqui somos mestiços mulatos
cafuzos pardos mamelucos sararás
crilouros guaranisseis e judárabes

orientupis orientupis
ameriquítalos luso nipo caboclos
orientupis orientupis
liberibárbaros indo ciganagôs

somos o que somos
inclassificáveis
[...]

Arnaldo Antunes. CD *Inclassificáveis* (Ney Matogrosso). EMI. 2008.

1. Discuta na sala de aula: Por que o autor diz que somos inclassificáveis?

2. No grupo de pessoas que você conhece escolha uma que tenha pelo menos dois grupos étnicos na sua origem. Agora faça como o autor da canção e invente palavras combinando a mistura dos grupos.

3. Sua família é composta de quais desses grupos? _____
_____

Quando os portugueses chegaram ao Brasil, em 1500, a terra já estava ocupada por povos indígenas. Calcula-se que havia aproximadamente 5 milhões de indígenas espalhados pelo território brasileiro.

Conforme foi aumentando o contato com os colonizadores, os indígenas foram sendo **dizimados**. Muitos povos indígenas desapareceram por completo.

Eles foram sendo expulsos da região do litoral brasileiro e se deslocaram cada vez mais para o interior do país.

Hoje eles somam apenas cerca de 517 mil vivendo em terras indígenas. Por isso, muitos estudiosos dizem que a história dos indígenas no Brasil é uma história de "despovoamento".

Observe no mapa a seguir as terras indígenas atuais.

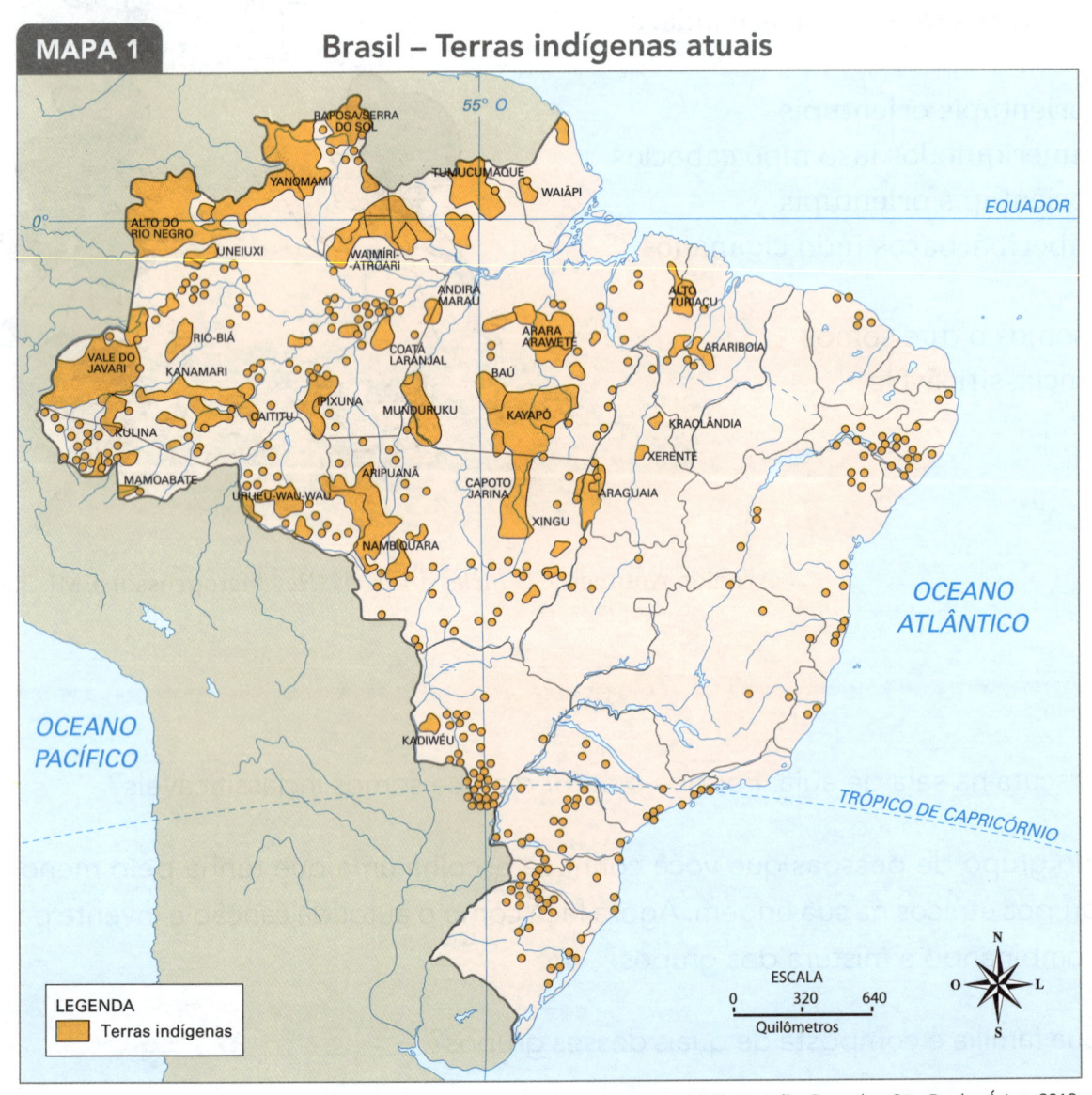

**MAPA 1 — Brasil – Terras indígenas atuais**

M. E. Simielli. *Geoatlas*. São Paulo: Ática, 2013.

Ainda hoje, no Brasil, ocorrem conflitos entre indígenas e invasores que querem ocupar suas terras. Muitos grupos indígenas tentam conseguir, com o governo, mais terras para morar. Nessas terras estão as matas de onde eles tiram a sua sobrevivência. Observe o mapa abaixo.

**MAPA 2** Brasil – Distribuição atual das florestas

M. E. Simielli. *Geoatlas*. São Paulo: Ática, 2013.

1. Observe, novamente, o mapa 1 e o mapa da página 32 e responda: em que região do Brasil se localiza a maior parte das terras indígenas? _____
_____

2. Compare os mapas 1 e 2 e veja a localização atual das terras indígenas.
_____

3. Agora, no caderno, escreva um pequeno texto explicando essa localização.

**Leia mais**

Hoje são muitos os problemas que os indígenas brasileiros têm de enfrentar para manter suas terras e sua maneira de viver, com seus costumes e tradições. Veja um exemplo no texto a seguir sobre o povo Munduruku.

## Histórias de índio

Há muitas forças negativas que querem exterminar o nosso povo, a nossa cultura. Os *pariwat* vêm até nós com as promessas na ponta da língua. Prometem manter nossa tradição e nossos costumes, dizendo que são nossos *oboré*, que gostam dos índios, que somos os verdadeiros brasileiros, mas o que fazem é sempre o contrário do que falam: destroem nosso povo e nossa cultura. Eles chegam com suas máquinas de problemas e com seu papel que fascina e que chamam *ibubutpupuat* querendo comprar a alma do nosso povo.

Prometem aparelho que mostra a cultura do povo deles para a gente acreditar que são melhores que nós. Começaram a nos enganar com essas promessas.

Poluíram nosso *idibi*, derrubaram o espírito de nossas árvores, expulsaram nossa caça. Hoje, temos que andar muitos quilômetros se quisermos comer carne boa, carne dos nossos animais: *bio, dapsem, dajekco, daje, hai, poy-iayu, pusowawa*. Temos que navegar para outros rios, se quisermos comer peixe bom, pois eles estragaram as margens do nosso Tapajós, espantaram nossos *wasuyu: paro, parawá, uru, koru,* [...].

Mesmo assim continuamos a viver, a crescer. Nossa tradição nos ensina a lidar com a destruição trazida pelos *pariwat*.

Daniel Munduruku. *Histórias de índio*. São Paulo: Companhia das Letrinhas, 2006.

**1** Conheça o significado das palavras diferentes que aparecem no texto:

| Munduruku | Significado |
|---|---|
| pariwat | homem branco |
| oboré | amigo |
| ibubutpupuat | dinheiro |
| idibi | água; rios |
| bio | anta |
| dapsem | veado |
| dajekco | caititu |
| daje | queixada |

| Munduruku | Significado |
|---|---|
| poy-iayu | macacos |
| pusowawa | quati |
| wasuyu | pássaros |
| paro | urutau |
| parawá | arara |
| uru | maracanã |
| koru | curica |
| hai | paca |

**2** Discuta com os colegas e o professor e responda oralmente:

**a)** Quais são as forças negativas que querem exterminar o povo indígena, denunciadas por Daniel Munduruku?

**b)** De acordo com o texto, qual é a situação do indígena hoje?

**3** Faça uma pesquisa sobre as contribuições indígenas para a cultura brasileira e anote-as no espaço abaixo. As fotos a seguir dão algumas dicas...

**2** Cobertura de sapé

**3** Rede

**4** Tapioca

_____

_____

CAPÍTULO 1  **71**

Os negros foram trazidos da África como escravos a partir do século XVI.

Durante mais de três séculos, cerca de 4 milhões de negros africanos escravizados, entre homens, mulheres e crianças, chegaram para trabalhar em diferentes atividades econômicas. Veja no mapa abaixo:

### Da África para o Brasil

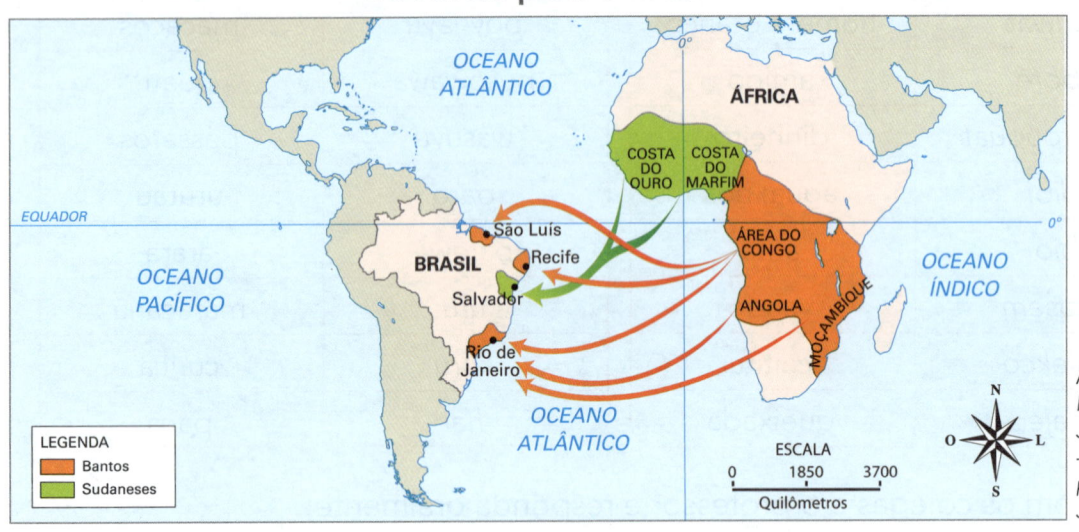

Adaptado de: *Atlas histórico escolar*. Rio de Janeiro: MEC, 1996; *Brasil — 500 anos de povoamento*. Rio de Janeiro: IBGE, 2000.

**1** Quais foram os principais grupos africanos que vieram para o Brasil e de que região da África vieram? _____

_____

**2** Cite as cidades brasileiras que mais receberam negros escravizados.

_____

**3** Observe as imagens abaixo e escreva o nome de alguns ofícios exercidos pelos africanos nas cidades durante o período imperial.

*Negros serradores de tábuas*, de Jean-Baptiste Debret, cerca de 1816.

*Calceteiros*, de Jean-Baptiste Debret, 1824.

_____

_____

### pesquise

## Contribuições africanas

À medida que o africano se integrou à sociedade brasileira tornou-se afro-brasileiro e, mais do que isso, brasileiro.

Usamos o termo afro-brasileiro para indicar produtos das mestiçagens de origem africana e lusitana, frequentemente com elementos indígenas, sem esquecer que são acima de tudo brasileiros.

Essas manifestações, que estão muito presentes no nosso dia a dia, mostram as contribuições africanas em nossa formação.

Praticantes de **candomblé** em Cachoeira, no estado da Bahia, 2014.

Adaptado de: Marina de Mello e Souza. *África e Brasil africano*. São Paulo: Ática, 2009.

**1** Com a orientação do professor, procure em livros, revistas e na internet informações sobre as contribuições africanas para a cultura brasileira.

**2** Escreva um pequeno texto no caderno e depois comente com os colegas os fatos que mais chamaram a sua atenção.

### saiba mais

A data mais importante da comunidade negra no Brasil é 20 de novembro – Dia da Consciência Negra. Esse é o dia da morte de Zumbi, chefe de quilombo que resistiu, até morrer, aos ataques das forças do governo, que queriam destruir o Quilombo dos Palmares.

Quilombos eram comunidades de negros escravizados que fugiam dos seus senhores. Localizavam-se em lugares distantes e de difícil acesso. Eram geralmente bem fortificados para resistir aos ataques dos invasores.

O Quilombo dos Palmares, que era organizado em onze aldeias fortificadas, durou cerca de cem anos (de 1590 a 1694) e chegou a abrigar mais de 20 mil pessoas, a maioria negros escravizados refugiados.

Os brancos, de origem europeia, que ajudaram a compor a população brasileira foram principalmente os portugueses. Durante todo o período em que o Brasil foi colônia de Portugal, eles vieram como colonizadores. Depois da independência do Brasil, em 1822, passaram a vir como imigrantes para trabalhar principalmente nas atividades urbanas. Veja a seguir algumas influências no nosso dia a dia.

Festa da Cavalhada em Campos dos Goytacazes, no estado do Rio de Janeiro, 2014.

*Uma Aventura de Escuteiros*

Por último, aprendes a Lei do Escuteiro e na cerimónia da investidura deves prometer cumpri-la. Se o fizeres, recebes um emblema e és admitido no grupo.

— Em que consiste a Lei do Escuteiro?

— É um conjunto de regras que se aplicam aos escuteiros de todo o Mundo; deves jurar cumprir sempre essas regras, que te ensinam principalmente a respeitar a Natureza.

João e Luís voaram para casa. Estavam impacientes por pedir aos pais que os deixassem ser escuteiros.

Trecho de um livro infantil de Portugal.

Além dos portugueses, imigrantes de várias partes do mundo contribuíram para formar o povo e a cultura do Brasil, trazendo novos hábitos, palavras, ritmos musicais, comidas, festas e tipos de construção.

A maioria veio trabalhar na agricultura, mas depois eles se estabeleceram nas cidades para trabalhar na indústria, no comércio ou como profissionais liberais (marceneiros, carpinteiros, pintores, mecânicos, etc.).

Estes são alguns pratos típicos dos países de origem dos imigrantes que vieram para o Brasil:

*Pizza*: Itália.

Esfirra, quibe e tabule: Síria e Líbano.

*Sushi* e *sashimi*: Japão.

*Paella valenciana*: Espanha.

- Você conhece outros pratos típicos de imigrantes que vieram para cá? Cite dois. Escreva no caderno o nome e a origem de cada prato.

No mapa vemos os países de origem dos imigrantes.

**Brasil – Principais países de origem dos imigrantes (1808-1980)**

Adaptado de: *Brasil — 500 anos de povoamento*. Rio de Janeiro: IBGE, 2000.

**1** De quais continentes e países vieram os imigrantes? _____
_____

**2** Algum grupo de imigrantes veio para o estado onde você mora? Qual?
_____
_____

**3** Vamos atualizar o mapa? Pesquise na internet imigrantes de dois países da Ásia e um da América do Sul que vieram para o Brasil nos últimos anos, principalmente para São Paulo. Depois, faça o que se pede:

**a)** No mapa, preencha com pontilhado vermelho os países pesquisados; depois, desenhe as setas como foi feito para os países já representados.

**b)** Escolha um dos países pesquisados e escreva uma frase sobre ele.
_____
_____
_____

**4** Faça uma pesquisa sobre um grupo de imigrantes que veio para o Brasil. Procure saber sobre sua língua, religião, costumes, músicas, danças, objetos e outros aspectos. Escreva, no caderno, um pequeno texto com as informações pesquisadas.

# Trançando saberes

Como já sabemos, a população brasileira é composta de indígenas, brancos, negros, amarelos e mestiços.

A miscigenação entre indígenas, brancos e negros deu origem a alguns tipos de mestiços. Observe os principais mestiços brasileiros, representados em imagens antigas e também em fotografias recentes.

- **Mulato**, filho de branco com negro.

*Mulata*, aquarela de Aimé-Adrien Taunay, 1827. (19,8 cm × 23 cm)

Mulato atualmente.

- **Mameluco** ou **caboclo**, filho de indígena com branco.

*Mameluca*, óleo sobre tela de Albert van der Eckhout, 1654. (271 cm × 170 cm)

Mameluco atualmente.

- **Cafuzo**, filho de negro com indígena.

*Cafuza*, litografia de Johann Baptist Spix e Karl Friedrich Phillip von Martius, 1817. (40 cm × 55 cm)

Cafuzo atualmente.

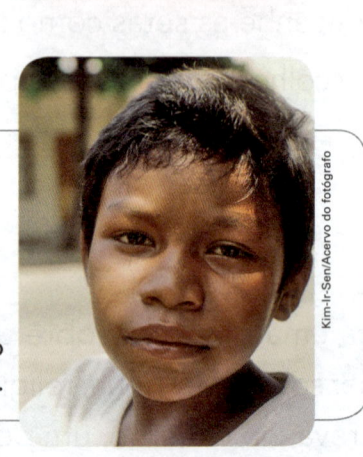

**Texto 1**

# Uma civilização mais bonita

Nós, brasileiros, nos orgulhamos muito de ser um povo mestiço. Fomos feitos pela fusão de gentes de todas as raças e pela mistura da sabedoria delas todas.

Melhor mesmo será se nos fizermos mais humanos, tirando o melhor de cada gente, como o sentimento musical e a alegria de viver dos negros; o gosto pelo convívio e a sociabilidade dos índios; a sagacidade dos amarelos e a sabedoria dos brancos.

Vamos misturando tudo isso, que um dia vai dar certo. Assim, poderá florescer no Brasil a civilização mais bonita deste mundo.

Adaptado de: Darcy Ribeiro. *Noções de coisas*. São Paulo: FTD, 2001.

**Texto 2**

# Nossas origens

Eu sou neta de italianos do lado materno e de portugueses do lado paterno. Aprendi, desde cedo com meu nono, a ler e falar algumas palavras em italiano. No entanto, meu tio mais querido foi o Labib, um libanês que se casou com minha tia portuguesa.

Desde pequena tive amigos japoneses e, com eles, adquiri o gosto pela cultura e comida japonesa. Hoje, convivo com meus alunos coreanos.

É assim a minha cidade, uma mistura de povos, sabores, origens que convivem e se integram, formando uma única gente, a gente paulistana.

Texto de Ana Maria Pecchiai Figueiredo, elaborado para esta coleção.

**1** Agora que você já leu os textos, converse com seus colegas:

   **a)** Darcy Ribeiro, no texto 1, cita algumas qualidades de cada grupo étnico brasileiro. As qualidades que ele cita como pertencentes a um grupo podem ser também dos outros grupos?

   **b)** Você também acha que o Brasil é um país mestiço? Com base no texto 2 explique por quê.

**2** Procure conhecer sua origem. Pergunte a adultos da sua família de quais grupos você descende: indígenas, europeus, negros africanos ou asiáticos. Escreva um pequeno texto sobre sua origem. _____
_____
_____
_____

## CAPÍTULO 2
# A construção do espaço brasileiro

Leia a letra desta canção.

### Peguei um "Ita" no norte

[...]
Peguei um "Ita" no norte
Pra "vim" pro Rio morar,
Adeus, meu pai, minha mãe!

Adeus, Belém do Pará!
Ai, ai, ai, ai
Adeus, Belém do Pará!
Ai, ai, ai, ai
Adeus, Belém do Pará!
Vendi meus "troço" que eu tinha
O resto eu dei pra "guardá"
Talvez eu volte pro ano
Talvez eu fique por lá

Mamãe me deu um conselho
Na hora de eu embarcar
Meu filho ande direito
Que é pra Deus lhe ajudar
[...]

Dorival Caymmi. CD *Caymmi amor e mar*. EMI Music.

1. Consulte um mapa e descubra: O "Ita" que saía de Belém do Pará e ia para o Rio de Janeiro passava pelo litoral de quais estados brasileiros?

2. O compositor queria voltar logo ou morar no Rio para sempre? Explique.

# Um país de migrações

No Brasil, há áreas com muitas pessoas e outras com poucas. A população está distribuída de forma desigual pelas regiões brasileiras.

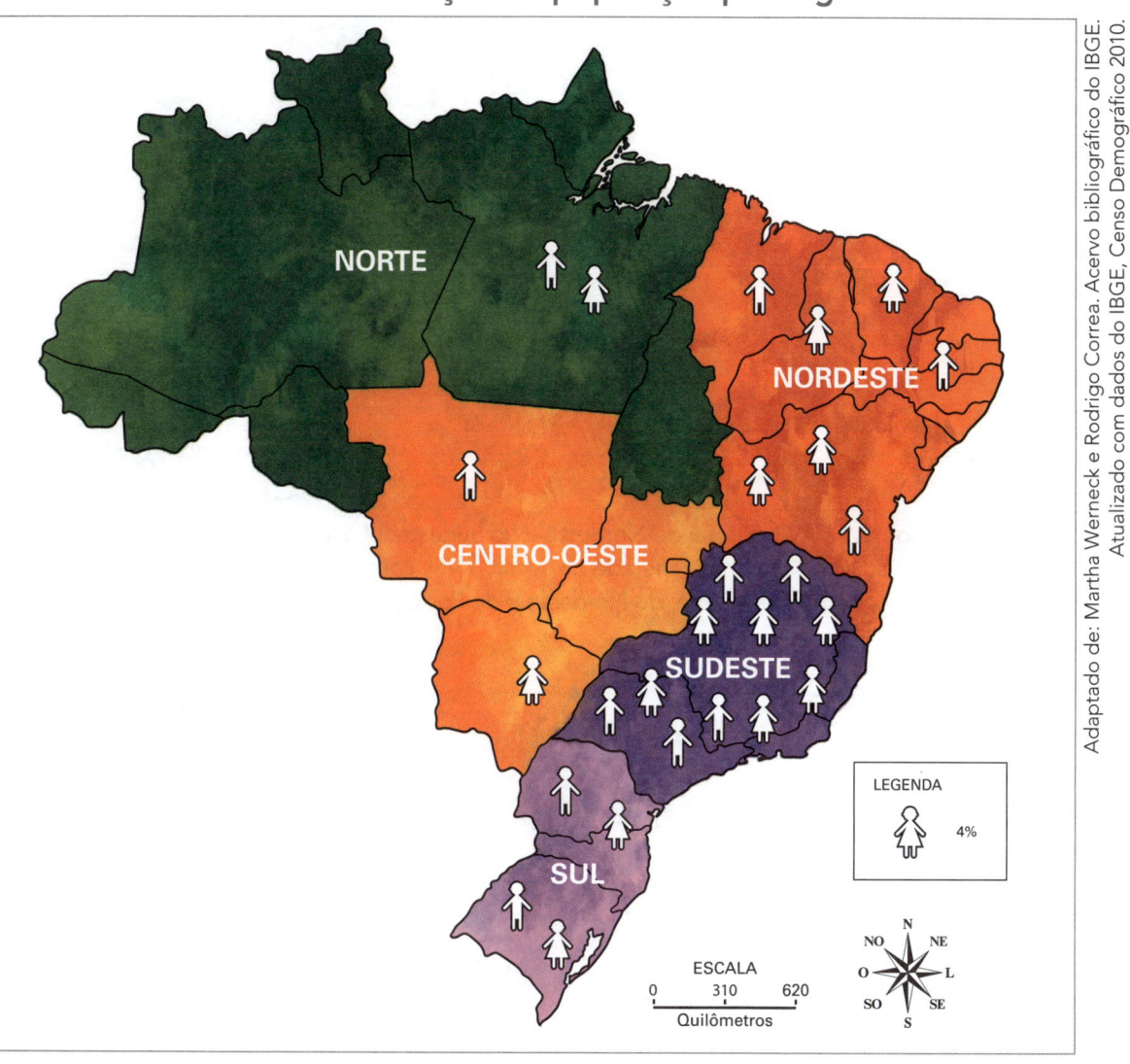

**Brasil – Distribuição da população por região**

Adaptado de: Martha Werneck e Rodrigo Correa. Acervo bibliográfico do IBGE. Atualizado com dados do IBGE, Censo Demográfico 2010.

LEGENDA: 4%

1. Qual é a região brasileira com a maior densidade demográfica? E com a menor densidade? _____

2. Escreva o nome das regiões brasileiras levando em conta a distribuição da população. Comece com a região de maior densidade demográfica.

_____

CAPÍTULO 2

A distribuição da população brasileira é resultado do povoamento do Brasil, de 1500 até hoje. Desde o início da colonização, as pessoas se deslocam de uma região para outra do país, sempre atraídas por novas atividades econômicas.

Observe os mapas para conhecer algumas:

### Cana-de-açúcar (séculos XVI e XVII)

### Mineração (século XVIII)

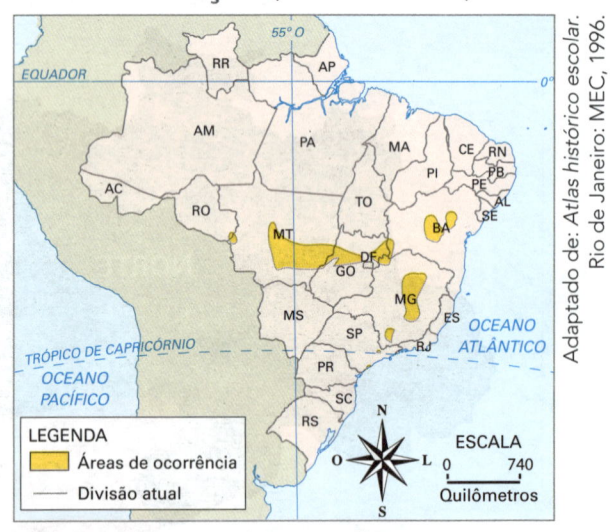

Durante os séculos XVI e XVII o litoral do Nordeste e do Sudeste foi ocupado principalmente com o cultivo da cana-de-açúcar. Na primeira metade do século XVIII, com a descoberta do ouro, pessoas vindas de São Paulo, do Rio de Janeiro, do Nordeste e de Portugal povoaram a região das minas.

### Café (século XIX)

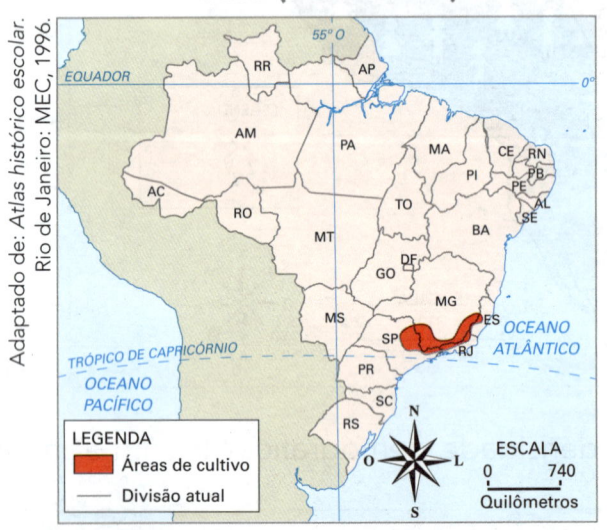

### Indústria (século XX)

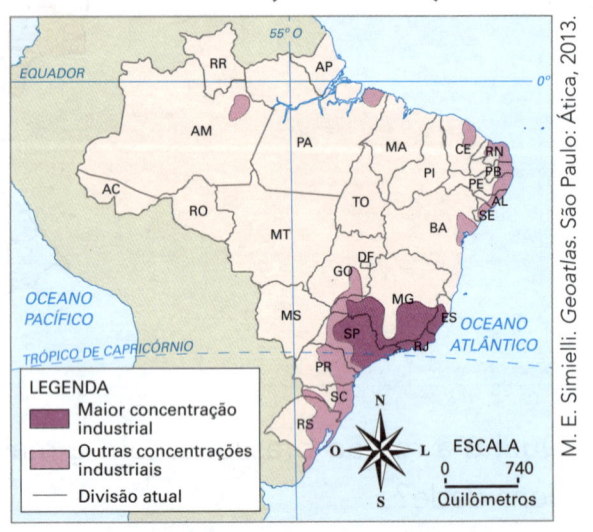

O desenvolvimento do cultivo do café no século XIX atraiu pessoas de outras regiões do país e de imigrantes para a região Sudeste. No século XX foram principalmente as áreas industriais que atraíram população.

- No seu caderno, faça uma linha do tempo como a do modelo abaixo e assinale as principais atividades econômicas, do século XVI até o século XXI.

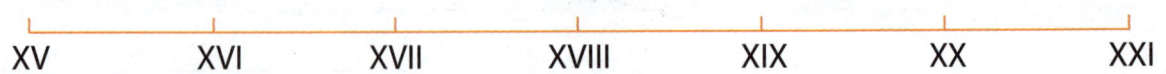

XV — XVI — XVII — XVIII — XIX — XX — XXI

E agora no século XXI, quais atividades econômicas atraem as pessoas para se deslocarem de uma região para a outra?

- Com o professor, pesquise a região indicada abaixo e escreva um texto com as informações. Se preferir, faça colagens e coloque uma legenda.

Região Centro-Oeste

## Saiba mais

Chamamos de **migrações** os deslocamentos da população de uma região para outra dentro de um mesmo país ou de um país para outro.

As pessoas que migram são chamadas migrantes.

> Os deslocamentos de pessoas dentro de um país são **migrações internas**.

> Os deslocamentos de pessoas de um país para outro são **migrações internacionais**.

> A saída de pessoas de um país ou região denomina-se **emigração**.

> A chegada de pessoas a outro país ou região chama-se **imigração**.

Geralmente as pessoas migram quando não encontram mais condições para sobreviver ou têm poucas oportunidades de trabalho no lugar onde moram.

O mais conhecido migrante brasileiro é o nordestino, que sempre se deslocou para os mais diversos locais do país.

A migração nordestina é cantada em muitas canções como estas:

### Último pau de arara

A vida aqui só é ruim
Quando não chove no chão
Mas se chover dá de tudo
Fartura tem de montão
Tomara que chova logo
Tomara, meu Deus, tomara
Só deixo meu Cariri
No último pau de arara
[...]

Venâncio, Corumba e José Guimarães.
CD *Raimundo Fagner ao vivo*. São Paulo: Sony Music, 2000.

### Pau-de-arara

Eu um dia cansado que tava
da fome que eu tinha
Eu não tinha nada
que fome que eu tinha
Que seca danada do meu Ceará
Eu peguei e juntei um restinho
de coisas que eu tinha
Duas calças velhas e uma violinha
E num pau de arara toquei para cá
[...]

Vinicius de Moraes e Carlos Lyra.
CD *Ary Toledo Álbum*. Fermata do Brasil.

**1** De acordo com as canções, qual é o principal motivo da migração nordestina?

**2** Atividades com o mapa:

a) Complete o quadro de siglas e estados brasileiros colocado ao lado do mapa.

b) Pinte no quadro os estados da região Nordeste. Use as informações da página 33 para localizar a região. Depois, pinte esses estados no mapa.

c) Com a ajuda do seu professor, grife, nas duas canções da página ao lado, a região e o estado que os autores apresentam. Represente as duas no mapa.

d) Agora, no mapa, faça uma seta indicando a principal região de saída dos migrantes e o estado de destino.

Fonte: Mapa elaborado pela autora, 2011.

| Siglas | Unidades da Federação |
|---|---|
| AC | _____ |
| AP | _____ |
| _____ | Amazonas |
| PA | _____ |
| RO | _____ |
| _____ | Roraima |
| TO | _____ |
| _____ | Alagoas |
| _____ | Bahia |
| CE | _____ |
| _____ | Maranhão |
| _____ | Paraíba |
| PE | _____ |
| _____ | Piauí |
| RN | _____ |
| _____ | Sergipe |
| ES | _____ |
| MG | _____ |
| _____ | Rio de Janeiro |
| SP | _____ |
| _____ | Paraná |
| _____ | Rio Grande do Sul |
| SC | _____ |
| _____ | Goiás |
| MT | _____ |
| _____ | Mato Grosso do Sul |
| _____ | Distrito Federal |

Desde 1950, vem ocorrendo no Brasil um grande deslocamento da população do campo para a cidade. Observe os números da tabela e as figuras:

| Ano | População urbana | População rural |
|---|---|---|
| 1950 | 18 782 891 | 33 161 506 |
| 1960 | 32 004 817 | 38 987 526 |
| 1970 | 52 904 744 | 41 603 839 |
| 1980 | 82 013 375 | 39 137 198 |
| 1990 | 110 875 826 | 36 041 633 |
| 2000 | 137 953 959 | 31 845 211 |
| 2010 | 160 925 804 | 29 829 995 |

Fontes: IBGE. *Anuário Estatístico do Brasil 2000* e *Censo Demográfico 2010*.

Você sabe quais são alguns dos motivos que levam as pessoas a sair do campo para morar na cidade?

A mecanização do campo causa o desemprego dos camponeses.

Um grande número de pequenas propriedades é comprado por grandes fazendeiros.

Quem migra tem a esperança de uma vida melhor na cidade.

**1** Complete o gráfico abaixo representando a população urbana e a população rural do Brasil de acordo com os dados do Censo Demográfico 2010 apresentados na tabela da página ao lado.

- Depois, faça uma legenda e escreva o título e a fonte do gráfico.

Título: _____

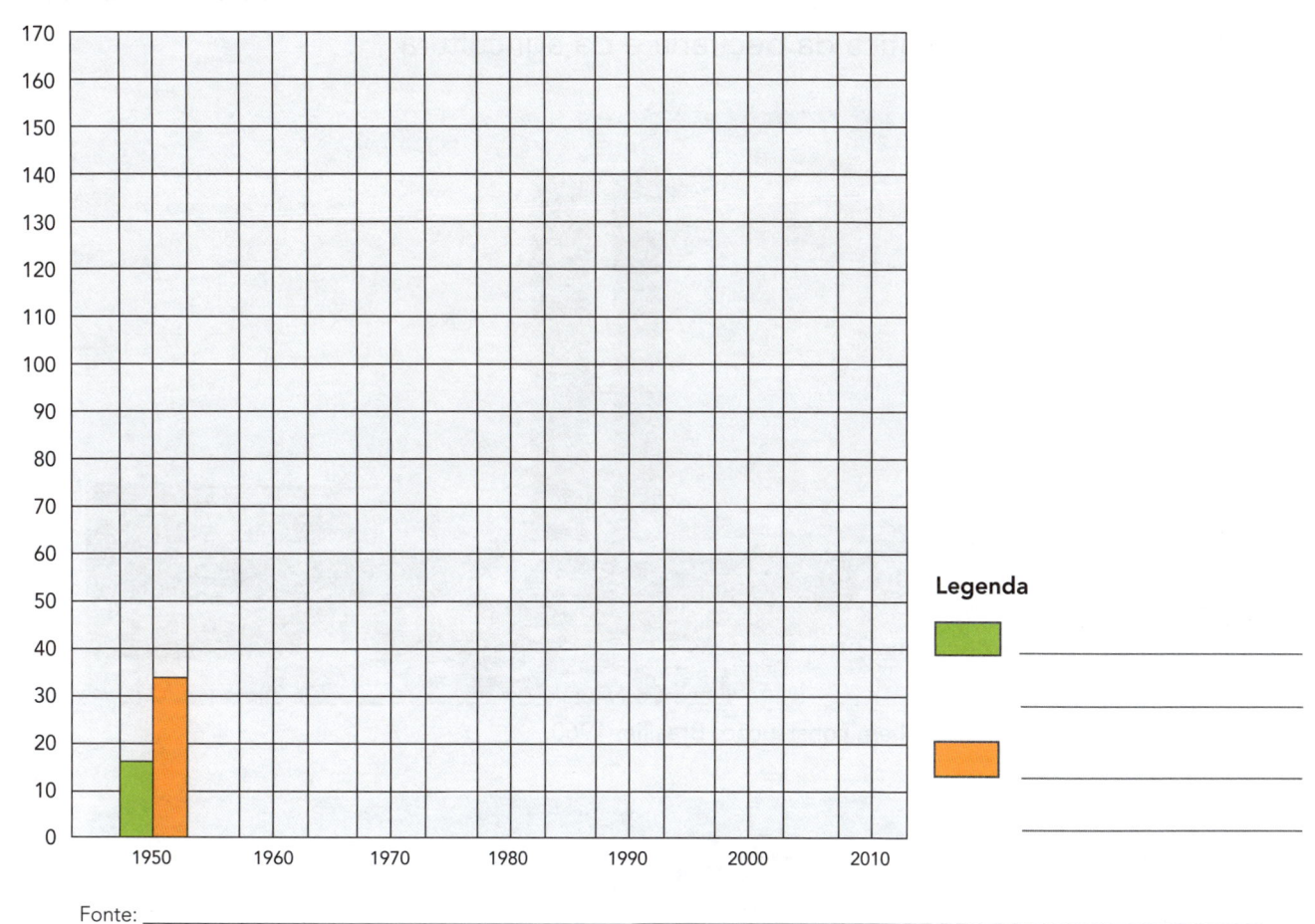

**Milhões de habitantes**

[Gráfico de barras com eixo vertical de 0 a 170 milhões de habitantes e eixo horizontal com anos de 1950 a 2010. Em 1950, há uma barra verde em aproximadamente 16 e uma barra laranja em aproximadamente 34.]

**Legenda**

▬ (verde) _____
_____
▬ (laranja) _____
_____

Fonte: _____

**2** A partir de quando constatou-se que a população urbana tinha se tornado maior que a população rural no Brasil? _____

**3** Com a orientação do professor, reúna-se em grupo e discutam quais motivos levaram as pessoas a migrar para a cidade na sua região ou município. Depois, anotem.

_____
_____
_____
_____

CAPÍTULO 2

Além do deslocamento do campo para a cidade, no Brasil também ocorrem migrações de uma região para outra.

Nas últimas décadas a população tem ocupado as regiões Centro-Oeste e Norte do país.

A inauguração de Brasília, em 1960, e depois um plano de ocupação da região Centro-Oeste atraíram a população do Sul, Sudeste e Nordeste.

Foram abertas estradas na região Centro-Oeste e oferecidos financiamentos para a compra de terras e a prática da pecuária e da agricultura.

Prédio do Congresso Nacional em construção. Brasília, 1960.

Prédio do Congresso Nacional. Brasília, 2013.

Nos mapas a seguir as flechas indicam para onde vão as pessoas, de um lugar a outro no país. Quanto mais grossa for a flecha, maior é o número de pessoas que se locomovem naquela direção. Observe:

**Brasil – Migração (1950-1970)**

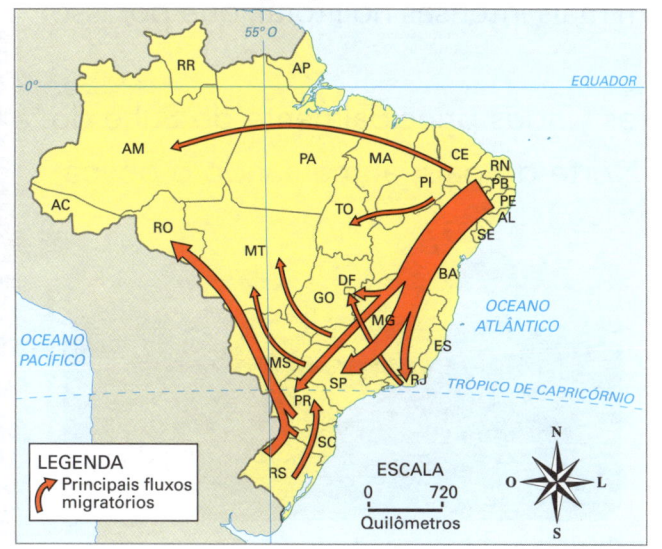

**Brasil – Migração (1970-1990)**

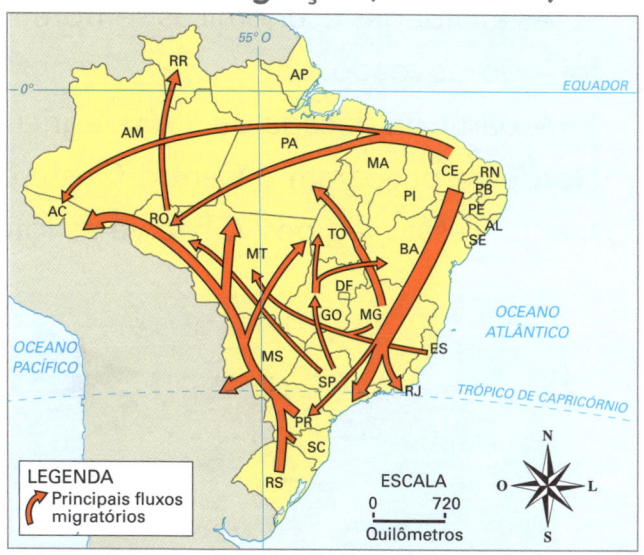

Fonte dos mapas: M. E. Simielli. *Geoatlas*. São Paulo: Ática, 2013.

**Brasil – Migração (década de 2000)**

1. Quais são as duas regiões de onde mais saíram migrantes:

   a) de 1950 a 1970? _____

   b) de 1970 a 1990? _____

2. Que estado recebeu mais migrantes nesses dois períodos?

   _____
   _____
   _____

3. O que ocorreu com a migração nordestina no estado de São Paulo, na década de 2000?

   _____
   _____

4. E no estado onde você mora? O que ocorreu nos três períodos?

   _____
   _____

CAPÍTULO 2

### Desafio

Você já viu que, desde o início da colonização, as pessoas se deslocam de uma região para outra do nosso país, atraídas por novas atividades econômicas.

As atividades econômicas sempre foram mais intensas no litoral, que por isso foi logo povoado.

A partir da década de 1960, agricultores vindos principalmente do Sul e do Nordeste ocuparam o Centro-Oeste e o Norte do país, aumentando o povoamento dessas regiões. Observe as fotos:

Altamira, no estado do Pará, 2012.

Rondonópolis, no estado de Mato Grosso, 2011.

Minaçu, no estado de Goiás, 2012.

**1** As fotos mostram algumas atividades responsáveis pelo povoamento recente do interior do Brasil. Que atividades são essas?

_____

**2** Atualmente, em que região brasileira ocorre o que é mostrado na foto 1? Que perigo isso representa?

_____
_____
_____

Muitos brasileiros emigram para outros lugares, principalmente para os Estados Unidos, Paraguai e Europa, em busca de trabalho e de melhores condições de vida.

Para auxiliar esses emigrantes, o governo brasileiro elaborou uma cartilha com informações para o trabalhador brasileiro no exterior. Leia o texto:

### Brasileiro no exterior tem cartilha

O governo lançou a Cartilha *Orientações para o Trabalho no Exterior*, um documento que esclarece dúvidas e faz recomendações a brasileiros que saem do país em busca de trabalho. O objetivo da cartilha é alertar viajantes sobre os riscos de tentar a sorte em outros países e as precauções que devem ter ao voltar.

A cartilha exige que os contratos sejam feitos em português para que os brasileiros saibam tudo sobre suas condições de trabalho. Nela também há recomendações claras para que os brasileiros que se sentirem discriminados ou prejudicados no exterior procurem os consulados e as embaixadas. De acordo com o documento, as representações diplomáticas procurarão ajudar, dando condições para contatos com os parentes no Brasil e apoio na Justiça, se necessário.

Adaptado de: Portal Terra. Disponível em: <http://noticias.terra.com.br/brasil/itamaraty-faz-cartilha-a-brasileiros-que-vao-trabalhar-no-exterior,69bcdc840f0da310VgnCLD200000bbcceb0aRCRD.html>. Acesso em: 31 mar. 2014.

Cartilha: Brasileiras e Brasileiros no Exterior.

1. Você conhece algum brasileiro que migrou para outro país? Discuta com os colegas e o professor.

2. Caso você conheça uma pessoa que emigrou e depois voltou ao Brasil, faça uma entrevista com ela. Depois, apresente o resultado do seu trabalho ao professor.

    Para a realização dessa tarefa, siga o roteiro para a entrevista e escreva as respostas no caderno.

    a) Para onde você migrou? Por quê?
    b) Por que você escolheu esse país? Como foi recebido?
    c) Qual era a sua profissão aqui e qual você exerceu no exterior?
    d) Como está sua vida agora em comparação à que teve em outro país?

## Um país com muitas desigualdades

Em um país tão grande como o Brasil, tanto as paisagens naturais quanto a condição de vida das pessoas são diferentes de uma região para outra. Até mesmo dentro de uma região há muitas desigualdades sociais.

As desigualdades se mostram em vários aspectos. Observe as fotografias a seguir.

**Conjunto de fotos A**

Condomínio no Rio de Janeiro, no estado do Rio de Janeiro, 2012.

Favela em São Paulo, no estado de São Paulo, 2014.

**Conjunto de fotos B**

Crianças na escola em Belo Horizonte, no estado de Minas Gerais, 2010.

Criança faz malabarismo no trânsito de São Paulo, no estado de São Paulo, 2011.

## Conjunto de fotos C

Centro cirúrgico de hospital em São Paulo, no estado de São Paulo, 2011.

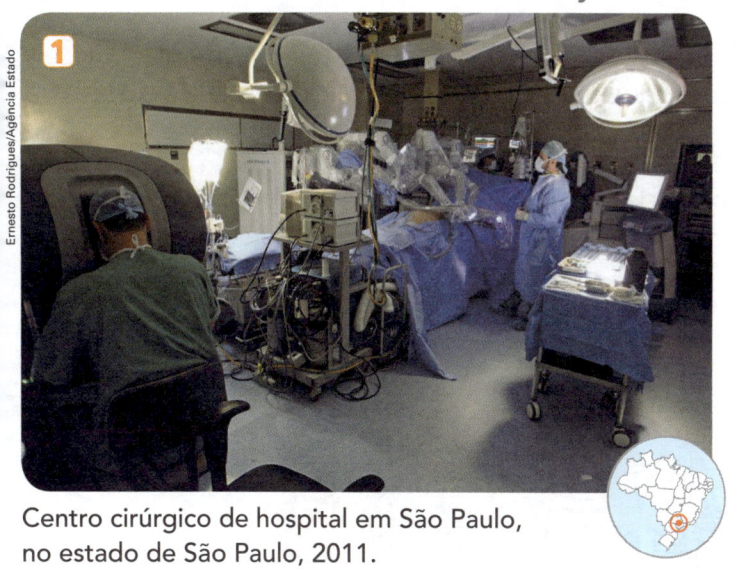

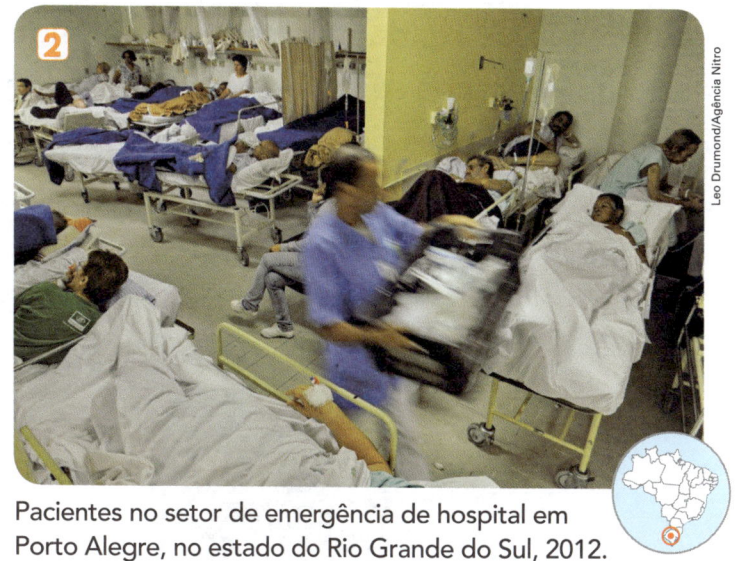

Pacientes no setor de emergência de hospital em Porto Alegre, no estado do Rio Grande do Sul, 2012.

**1** Agora que já observou as fotografias, anote as desigualdades que você percebe:

a) no conjunto de fotos **A**. _____

_____

b) no conjunto de fotos **B**. _____

_____

c) no conjunto de fotos **C**. _____

_____

**2** Você identifica essas situações na cidade ou estado onde mora?
Essas situações podem ter sido vistas em jornal, televisão ou internet. Preencha o quadro abaixo com o nome dos lugares.

|  | Foto 1 | Foto 2 |
|---|---|---|
| **Conjunto de fotos A** | | |
| **Conjunto de fotos B** | | |
| **Conjunto de fotos C** | | |

CAPÍTULO 2

A pior desigualdade no Brasil é a que existe entre ricos e pobres. A má **distribuição de renda** no país é o maior motivo das desigualdades sociais.

A renda se concentra nas mãos de uma pequena parte da população enquanto a maioria das pessoas tem uma renda muito pequena.

Observe a ilustração abaixo para entender como a renda é distribuída entre as pessoas que trabalham:

Agora observe o mapa:

**Brasil – Renda**

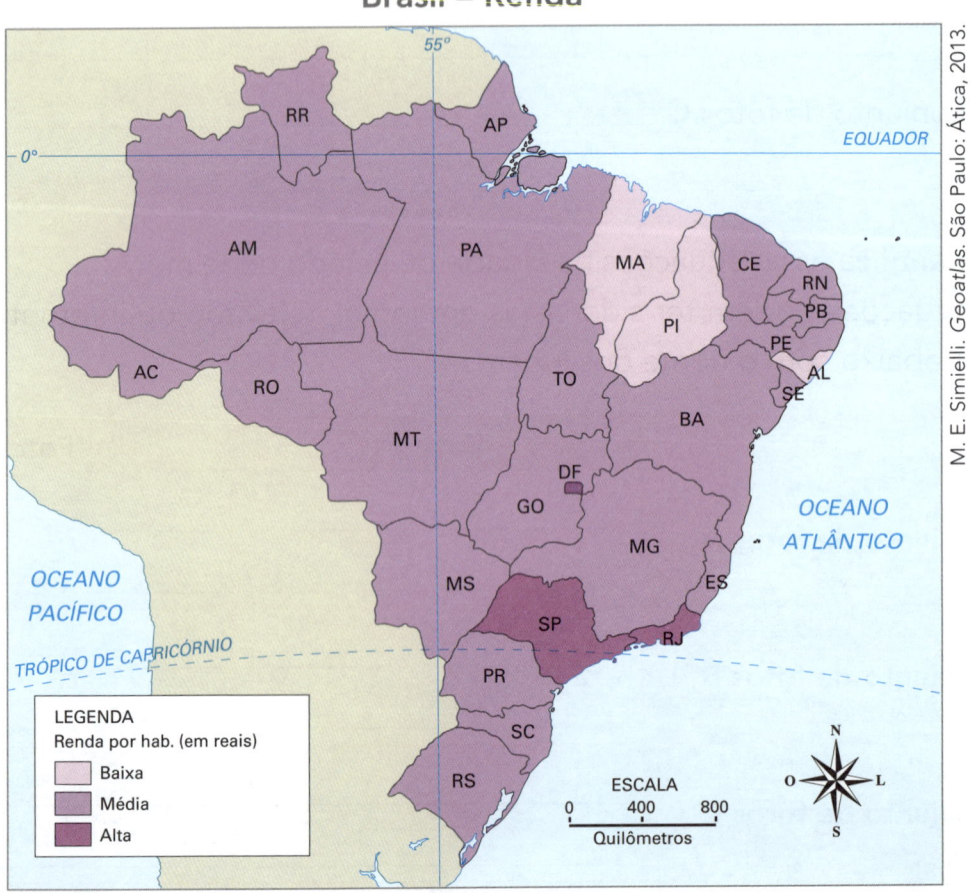

LEGENDA
Renda por hab. (em reais)
- Baixa
- Média
- Alta

Muitas crianças abandonam a escola e vão trabalhar para ajudar a família.

Isso acontece tanto na cidade quanto no campo: meninos e meninas cortam cana-de-açúcar, colhem laranja, vendem doces nas ruas, são engraxates, etc. E ganham bem pouco.

Essa é uma das piores consequências da pobreza que grande parte da população brasileira enfrenta. Observe o mapa:

**Brasil – Trabalho infantil**

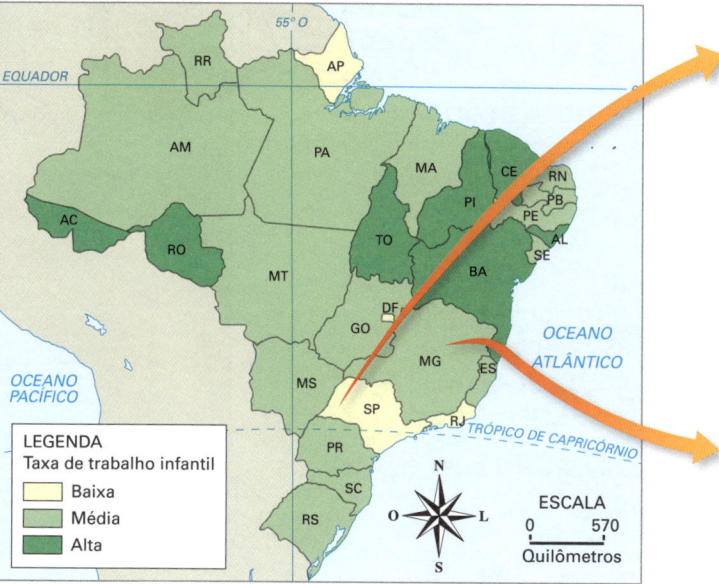

LEGENDA
Taxa de trabalho infantil
- Baixa
- Média
- Alta

M. E. Simielli. *Geoatlas*. São Paulo: Ática, 2013.

Criança engraxate no centro de São Paulo, no estado de São Paulo, 2011.

Criança trabalhando em engenho de cana-de-açúcar em Ouro Verde, no estado de Minas Gerais, 2013.

**1** Você sabe qual é o salário mínimo no Brasil? _____

**2** Com base no mapa acima e no mapa da página anterior, responda:

a) Quais são os estados com maior renda por habitante? E os de menor renda?

_____
_____

b) Em quais estados brasileiros a taxa de crianças que trabalham é mais elevada?

_____
_____

**3** Existe alguma relação entre o mapa acima e o mapa da página anterior? Por exemplo: em estados onde a renda é mais baixa, é grande ou pequeno o número de crianças que trabalham? Discuta com os colegas e o professor.

A **educação** no Brasil tem melhorado bastante nos últimos anos.

A maioria das crianças frequenta escolas, mas ainda falta muito para que todas as pessoas no país sejam alfabetizadas e a educação tenha melhor qualidade.

Quem tem mais de 15 anos e é incapaz de ler e escrever um simples bilhete é considerado analfabeto.

No Brasil, de cada grupo de cem pessoas com 15 anos ou mais, dez não sabem ler nem escrever. Em geral, o número de analfabetos é maior nas áreas rurais. Observe o mapa abaixo:

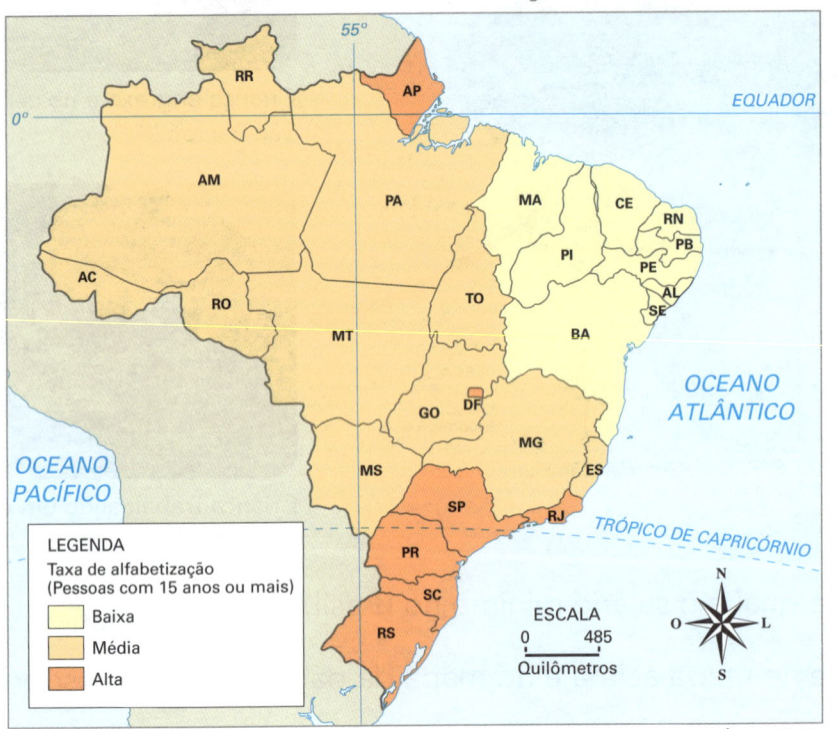

**Brasil – Alfabetização**

LEGENDA
Taxa de alfabetização
(Pessoas com 15 anos ou mais)
- Baixa
- Média
- Alta

M. E. Simielli. *Geoatlas*. São Paulo: Ática, 2013.

**1** Quais são os estados com maiores problemas de alfabetização?

_____

_____

**2** Procure na seção de empregos de alguns jornais dois anúncios que citem o nível de escolaridade exigido dos candidatos. Recorte e cole-os no seu caderno.

a) Compare com seus colegas os níveis de escolaridade exigidos nos anúncios.

b) O que você concluiu ao fazer essa atividade?

Outro dado importante que revela as grandes desigualdades sociais no Brasil é a **esperança de vida**, que indica quantos anos, em média, vivem as pessoas nascidas no país.

No Brasil a esperança de vida é de 73 anos e está relacionada às condições de saúde da população.

- Veja novamente as fotos do conjunto **C** da página 91. Discuta com seus colegas qual é a relação entre aquelas imagens e a esperança de vida.

Você já aprendeu que existe relação entre a saúde e a esperança de vida da população. No Brasil existem cerca de dois médicos para atender cada grupo de mil habitantes.

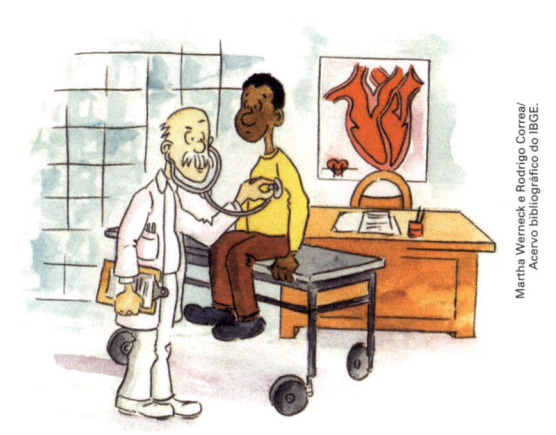

**1** Discuta com seus colegas se o número de médicos indicado no texto é suficiente para atender a população brasileira.

**2** Observe o mapa abaixo e depois responda:

a) Quais estados apresentam maior esperança de vida?

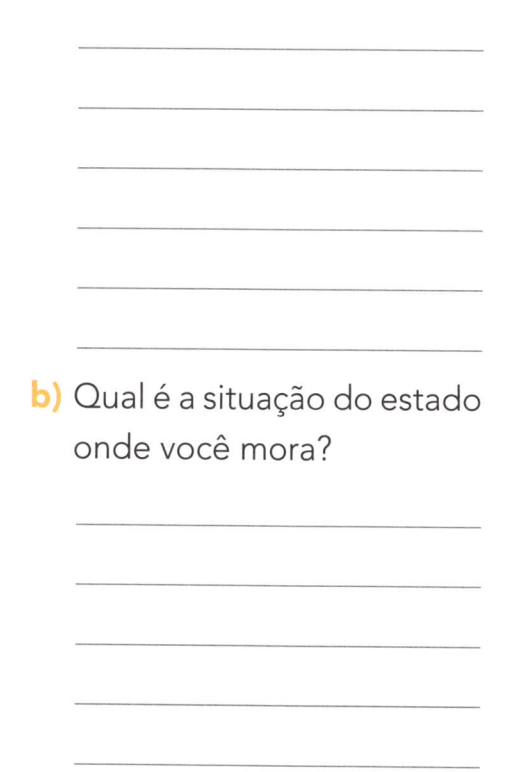

b) Qual é a situação do estado onde você mora?

**Brasil – Esperança de vida**

LEGENDA
- Baixa
- Média
- Alta

M. E. Simielli. *Geoatlas*. São Paulo: Ática, 2013.

CAPÍTULO 2  **95**

O progresso social de uma região pode ser medido pela **renda**, pela **educação** (alfabetização) e pela **esperança de vida** (saúde) da população.

Isso significa que, se a população de uma região apresenta altas taxas de renda, é alfabetizada e possui esperança de vida alta, a região tem alto desenvolvimento humano. Observe o mapa abaixo.

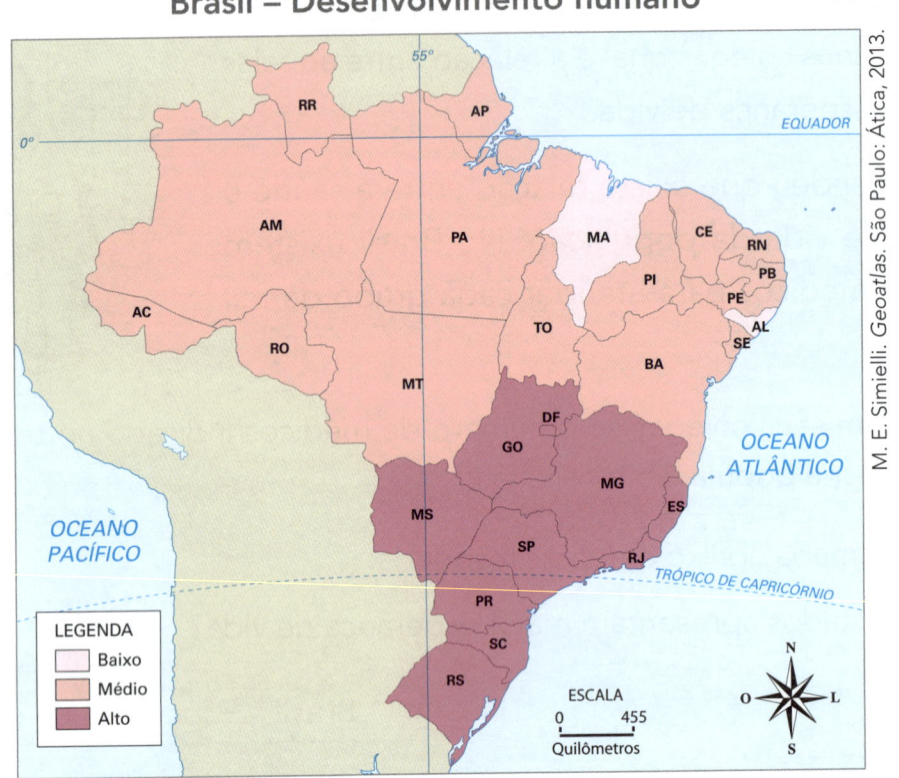

**Brasil – Desenvolvimento humano**

LEGENDA
- Baixo
- Médio
- Alto

Fonte: M. E. Simielli. Geoatlas. São Paulo: Ática, 2013.

1. Anote o nome dos estados que têm alto desenvolvimento humano e também o dos estados que apresentam piores condições de vida.

_____
_____
_____

2. Como se classifica o seu estado quanto ao desenvolvimento humano?

_____

3. Trabalhe com seus colegas. Procurem imagens em jornais e revistas que retratem a desigualdade social no Brasil e façam um painel em sala de aula com os outros grupos. Identifiquem o estado a que as imagens se referem e indiquem o nível de desenvolvimento humano.

### Divirta-se

Estas crianças falam sobre problemas e diferenças sociais.

— EU NÃO ACHO JUSTO EXISTIREM TANTAS CRIANÇAS ABANDONADAS.
— TODO MUNDO DEVERIA TER UMA FAMÍLIA E UMA CASA.

— EU REVEZARIA. TODO MUNDO FICAVA UMA SEMANA POBRE E UMA SEMANA RICO, ASSIM DAVA PARA EXPERIMENTAR AS DUAS COISAS.
— TÁ CERTO!
— NÃO SERIA MELHOR TODO MUNDO FICAR SÓ RICO E PRONTO?

— EU VIVO PENSANDO QUE NÃO DEVERIAM EXISTIR DIFERENÇAS ENTRE AS PESSOAS.
— MAS COMO EU POSSO SER IGUAL A VOCÊ SE EU SOU MENINA?
— AH! AH! AH!

Fonte: Liliana Iacocca e Michele Iacocca. *O que fazer? Falando de convivência.* São Paulo: Ática, 2010.

1. Converse com o professor e com os colegas sobre outros exemplos do desenvolvimento humano.

2. Agora, desenhe no seu caderno outros quadrinhos retratando esses dados que vocês discutiram.

3. Depois dos quadrinhos prontos, apresente seu trabalho à classe.

# O que estudamos

**UNIDADE 2**

- Como você viu, somos 7,3 milhões de pessoas no mundo, mas a distribuição é muito desigual. Alguns lugares têm muita gente e outros, pouca gente.
Veja o exemplo da China.

- No Brasil, em 2010, éramos mais de 190 milhões de pessoas. Mas esse número aumenta o tempo todo. Em 2013 por exemplo já somávamos 201 032 000 pessoas.

- A população brasileira é composta de indígena, branco, negro, amarelo e mestiço.

- Para responder à primeira questão colocada no início da unidade, aprendemos que mais da metade (56%) da população brasileira é composta de pessoas adultas. Além disso, o número de idosos está aumentando cada vez mais. As crianças não são maioria no Brasil.
- Nosso país apresenta bastante desigualdade entre as diferentes regiões, estados e até municípios. Essas desigualdades são muitas, principalmente na distribuição da renda, na educação e na saúde.

## Desenhando também aprendo

Os desenhos abaixo representam assuntos importantes estudados em cada capítulo da Unidade 2.

**1** Observe os desenhos atentamente.

### Unidade 2 – Vivendo no Brasil

#### Capítulo 1. Nós, os brasileiros

#### Capítulo 2. A construção do espaço brasileiro

**2** Agora é a sua vez! Para cada capítulo, faça um desenho do que você mais gostou ou achou importante estudar na segunda unidade deste livro. Se preferir, faça uma colagem.

## Agora eu sei que...

**1** As frases abaixo aparecem no decorrer dos capítulos das Unidades 1 e 2. Escreva, embaixo de cada uma delas, outra frase sobre o que você mais gostou de aprender em cada capítulo.

### Unidade 1 – Conhecendo o Brasil

#### Capítulo 1. O espaço mundial

A Terra gira em torno de si mesma de forma semelhante a um pião. Cada volta completa dura cerca de 24 horas, o que corresponde a um dia. Esse movimento é chamado **rotação** e é por causa dele que existem o dia e a noite.

_____

_____

#### Capítulo 2. O espaço natural

Como se pode ver no planisfério, o Brasil está quase inteiramente na zona tropical, que é a região mais quente do planeta Terra. Por essa razão, os climas brasileiros são predominantemente quentes.

_____

_____

### Unidade 2 – Vivendo no Brasil

#### Capítulo 1. Nós, os brasileiros

Os principais grupos étnicos que formaram o povo brasileiro foram os indígenas (primeiros habitantes do Brasil), os brancos (portugueses que vieram colonizar a terra) e os negros (trazidos da África como escravos).

_____

_____

#### Capítulo 2. A construção do espaço brasileiro

Desde 1950, vem ocorrendo no Brasil um grande deslocamento da população do campo para a cidade.

_____

_____

**2** Agora, anote cinco palavras que você achou importantes nos capítulos das Unidades 1 e 2. _____

## Projeto

# Migração e trabalho

A grande maioria dos migrantes se desloca em busca de um trabalho que lhes ofereça melhores condições de vida.

**1** Com a orientação do professor, reúna-se em grupos e entrevistem três pessoas que migraram para a região onde vocês vivem. Usem o roteiro abaixo para a entrevista e anotem as respostas do entrevistado no caderno.

| Roteiro para entrevista | |
|---|---|
| a) Qual é a sua região de origem? <br> b) Por que você migrou? <br> c) Qual era o seu trabalho na sua região de origem? <br> d) Qual era o seu trabalho quando você chegou aqui? | e) Em que você trabalha hoje? <br> f) A migração contribuiu para melhorar a sua vida? Por quê? <br> g) Você gostaria de voltar para sua terra natal? Por quê? |

**a)** Mostrem o resultado da entrevista na data marcada. Discutam as respostas dadas pelos entrevistados.

**b)** Aproveitando os dados da entrevista, façam estas atividades com o professor:

- Construam no caderno um ou mais gráficos de barras. Exemplos:

    Região de origem dos migrantes – Norte, Nordeste, Centro-Oeste, Sudeste, Sul.

    Setor de atividade em que atuam hoje – setor primário, secundário ou terciário.

- Elaborem no caderno um mapa dos deslocamentos utilizando os dados do gráfico que vocês fizeram. Como modelo, observem os mapas da página 75.

**2** Agora vocês vão fazer um debate em sala de aula procurando encontrar uma solução para o problema de Severino, um migrante nordestino em São Paulo.

Por causa da seca e da falta de trabalho na sua região, no interior do Piauí, onde trabalhava na terra, há alguns anos Severino migrou para a cidade de São Paulo. Por ser semianalfabeto, sem nenhuma especialização, e pela pouca oferta de emprego, ele ainda não conseguiu um emprego fixo, que lhe dê um salário e carteira assinada. Vive fazendo pequenos serviços esporádicos.

- O que vocês acham que Severino pode fazer?

## Sugestões

## Livros

### Terra – Um pontinho no espaço
Nyelda Rocha de Oliveira e outras, Formato.

O livro ensina a construir e a manejar instrumentos que possibilitam avaliar as consequências das ações humanas no planeta. Destaca a dimensão da Terra no Universo e traz informações sobre o Sistema Solar.

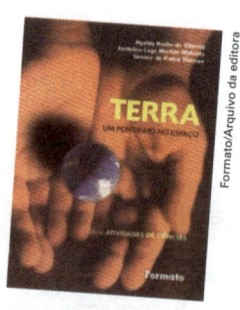

### Viagem pelo Brasil em 52 histórias
Silvana Salerno, Companhia das Letrinhas.

O livro reúne lendas e contos populares tradicionais da cultura brasileira. São 52 narrativas ilustradas que farão você viajar a cada semana por uma região do nosso país.

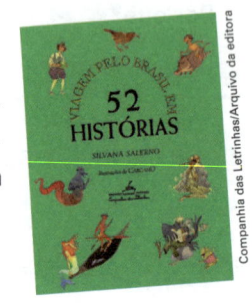

### Ilê Aiê – Um diário imaginário
Francisco Marques, Formato.

Diário de um homem negro que relata a sua história: a vida na tribo em Angola, depois a viagem em um navio negreiro e sua passagem por Pernambuco, Bahia, Minas Gerais, São Paulo e Rio de Janeiro.

### Mestre Vitalino
André Neves, Paulinas.

Neste livro, a arte e a magia das obras do Mestre Vitalino fazem parte da imaginação de três crianças, que descobrem, por meio do trabalho do ceramista, a riqueza e as alegrias da cultura brasileira.

### Zoom
Istvan Banyai, Brinque-Book.

Um livro sem palavras que pode ser "lido" tanto de frente para trás quanto de trás para frente.

### Índio – Recontando nossa história
Nancy Caruso Ventura, Noovha América.

O livro fala sobre o mundo indígena, um espaço de magia e beleza. Trata de vários temas sobre a sociedade indígena.

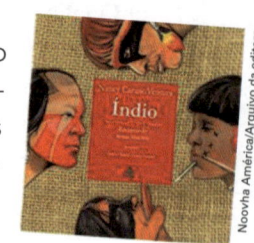

### Jack Brodóski no coração da Amazônia
Flávio de Souza, Companhia das Letrinhas.

O livro conta a história de Jack Brodóski, um garoto inteligente, divertido e curioso. Na companhia dele, você terá a oportunidade de conhecer a Amazônia.

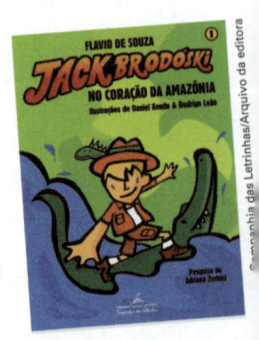

### Do outro lado do Atlântico
Pauline Alphen, Companhia das Letrinhas.

Pauline – filha de mãe brasileira, natural de Alagoas, e pai francês – nasceu no Rio de Janeiro. Ainda pequena, foi para a França. O livro narra a primeira viagem de Pauline de volta ao Brasil.

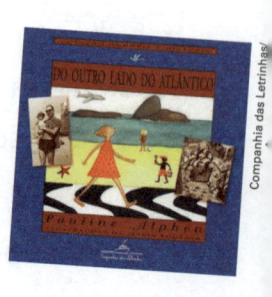

## Tomie: cerejeiras na noite
Por Ana Miranda sobre depoimento de Tomie Ohtake, Companhia das Letrinhas.

O livro conta a trajetória da artista plástica Tomie Ohtake: sua infância no Japão, sua vinda para o Brasil, as dificuldades que enfrentou aqui, como conseguiu se adaptar e se tornar a grande artista plástica que é hoje.

## Usos e costumes
Nereide Schilaro Santa Rosa, Moderna.

A partir de obras de Di Cavalcanti, Debret, Eckhout, entre outros, o livro relata as origens dos nossos costumes e as influências que recebemos dos indígenas, dos negros africanos escravizados, dos portugueses e de todos os migrantes que vieram para o Brasil.

## 50 coisas simples que as crianças podem fazer para salvar a Terra
Tradução: Reynaldo Guarany, José Olympio.

Este livro mostra o que você pode fazer para ajudar na preservação do planeta.
Contém o endereço de várias instituições que defendem o meio ambiente e dicas de como preservá-lo.

## Atividades e jogos com escalas
Marion Smoothey, Scipione.

Visão aérea, coordenadas, pontos cardeais, escala, mapas, maquetes são noções de alfabetização cartográfica que você vai desenvolver com os jogos e as atividades propostos neste livro.

## O homem-pássaro: história de um migrante
Ricardo Dreguer, Moderna.

Você vai conhecer a história de Pedro, um migrante que deixa a região Nordeste do Brasil para tentar a vida no Sudeste. Pedro nos mostra as diferentes realidades de um país chamado Brasil.

## Trabalho infantil: o difícil sonho de ser criança
Cristina Porto, Iolanda Huzak e Jô Azevedo, Ática.

Crianças denunciam o trabalho infantil no jornalzinho da escola. O livro busca sensibilizar as pessoas para a dura realidade das crianças que perderam a infância, resultado da desigualdade social.

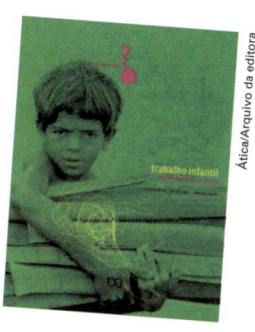

## Passeio por dentro da Terra
Samuel Murgel Branco, Moderna.

Você vai compreender por que se formam as montanhas, os vales, as ilhas vulcânicas; por que ocorrem os terremotos e a erupção dos vulcões. Vai conhecer também as riquezas no subsolo do nosso planeta e saber um pouco sobre o papel do geólogo.

## O espaço
Marie Kolaczek, Salamandra.

Qual é a diferença entre uma estrela e um planeta?
É possível viver no espaço?
Neste livro você encontrará respostas para essas e outras questões.

UNIDADE 3

O espaço regional

## CAPÍTULO 1
# Do Sudeste ao Sul

**HORA DA RODA**

Vamos relembrar as regiões do Brasil?

Observe o mapa ao lado. Nele, destacamos as regiões que serão estudadas neste capítulo.

**Brasil – Regiões administrativas**

**1** Agora, junto com seu professor, complete o quadro abaixo.

| Região | Estado | Sigla | Capital |
|---|---|---|---|
| Sudeste | Espírito Santo | _____ | _____ |
| | _____ | MG | _____ |
| | _____ | _____ | Rio de Janeiro |
| | São Paulo | _____ | _____ |
| Sul | _____ | _____ | Curitiba |
| | Santa Catarina | _____ | _____ |
| | _____ | RS | _____ |

**2** Em grupos, conversem sobre o que vocês sabem a respeito de cada uma dessas regiões. Depois, apresentem suas conclusões para os demais colegas da classe.

# Região Sudeste – O coração econômico do Brasil

A região Sudeste possui o maior número de grandes cidades do Brasil. É a mais populosa, com mais de 80 milhões de habitantes.

Foi no Sudeste que começou a industrialização no Brasil e é nessa região que ainda se concentra a maior parte das indústrias do país, principalmente ao redor das cidades de São Paulo, Rio de Janeiro e Belo Horizonte.

Suas principais indústrias são:

- *Indústria de transformação* — **siderúrgica**, de máquinas, de cimento, alimentícia, têxtil, de vestuário, automobilística, etc.
- *Indústria extrativa* — produtos vegetais (madeira, borracha), pesca industrial, produtos minerais, etc.
- *Indústria da construção* — náutica, aeronáutica, **bélica**, aeroportos, hidrelétricas, construção civil, etc.

O mapa abaixo mostra os estados e as principais cidades do Sudeste.

**Região Sudeste – Político**

M. E. Simielli. Geoatlas. São Paulo: Ática, 2013.

**1** Quais são as duas capitais mais desenvolvidas economicamente do país?

_____

**2** Anote o nome de outras quatro cidades importantes nessa região. _____

_____

CAPÍTULO 1

Agora, observe as fotos abaixo. Elas mostram importantes características da região Sudeste.

**1**

Estaleiro de construção e reparos de plataformas de petróleo, em Angra dos Reis, no estado do Rio de Janeiro, 2012.

**2**

Cristo Redentor, monumento muito visitado por turistas na cidade do Rio de Janeiro, estado do Rio de Janeiro, 2013. É uma das Sete Maravilhas do Mundo Moderno.

**3**

Laboratório Nacional de Luz Síncroton, em Campinas, no estado de São Paulo, 2010.

Porto de Santos, o maior porto da América do Sul, no estado de São Paulo, 2013.

Indústria aeroespacial em São José dos Campos, no estado de São Paulo, 2011.

Vista aérea de siderúrgica em Vitória, no estado do Espírito Santo, 2010.

CAPÍTULO 1

Vista aérea de fábrica de automóveis em Betim, no estado de Minas Gerais, 2014.

Plantação de café em São Gonçalo do Abaeté, no estado de Minas Gerais, 2014. Esse estado é o maior produtor nacional de café. Além de produzir o café tradicional, Minas Gerais produz também grãos especiais e selecionados.

**1** Com a ajuda do professor, preencha o quadro.

| Cidades e estados | Atividades econômicas | Setores de atividades |
|---|---|---|
| 1. Angra dos Reis – RJ | 1. Construção de plataforma de petróleo | 1. Secundário |
| 2. | | |
| 3. | | |
| 4. | | |
| 5. | | |
| 6. | | |
| 7. | | |
| 8. | | |

**2** Discuta com seus colegas: existe relação entre as atividades econômicas da região e a numerosa população que aí vive? Explique.

A região Sudeste apresenta uma agricultura bastante desenvolvida, com destaque para a **agroindústria** — empresa que combina atividades agrícolas e industriais usando técnicas modernas e mão de obra especializada. Seu objetivo é transformar os produtos agrícolas para serem consumidos pela população.

Apesar de predominar na região Sudeste transformando produtos agrícolas, como cana-de-açúcar, laranja e algodão, entre outros, a agroindústria tem se espalhado por outras regiões brasileiras. Observe o mapa abaixo.

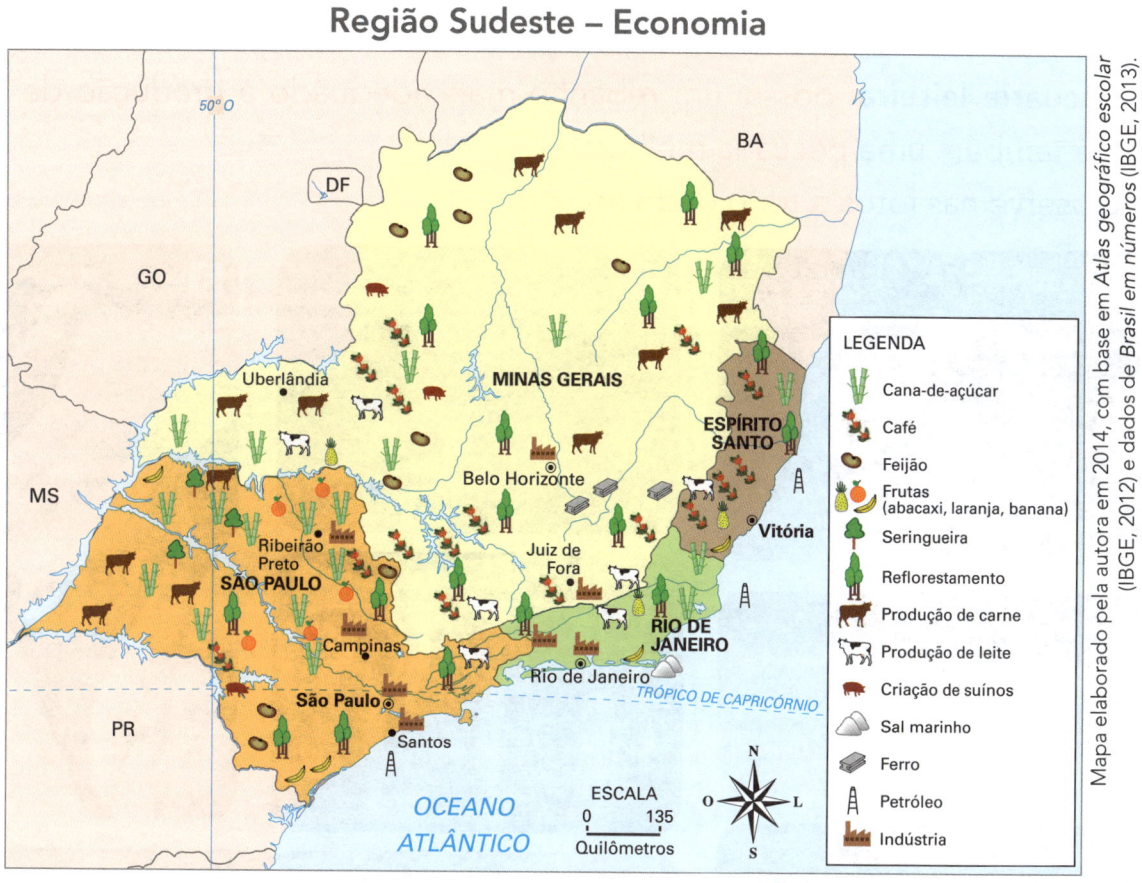

**Região Sudeste – Economia**

1. No mapa, marque as indústrias usando círculos de cor vermelha e as áreas de extração de petróleo com círculos de cor verde.

2. Onde se localizam as indústrias da região? _____

3. Qual é o estado que possui muito minério de ferro? _____

4. Cite dois produtos fabricados com os produtos agrícolas do Sudeste.

## Saiba mais

Os tipos de pecuária variam conforme os cuidados com os rebanhos.

**Pecuária primitiva ou extensiva**: o gado fica solto no pasto, sem cuidados ou com poucos cuidados sanitários (vacina contra a febre aftosa e outros controles, como **vermífugos**); há pouco ou nenhum cuidado com a grama do pasto.

**Pecuária melhorada**: controle sanitário mais efetivo, **mineralização** na alimentação, brinco de identificação do gado, seleção de forragens plantadas, inseminação artificial, etc.

**Pecuária leiteira**: possui um rebanho mais adequado à produção de leite, mas é também uma pecuária melhorada.

Observe nas fotos o trato dado ao gado.

1. Quais fotos apresentam a pecuária primitiva ou extensiva? _____

2. Quais apresentam a pecuária melhorada ou intensiva (incluindo a leiteira)?

Os rebanhos da região Sudeste destacam-se pela quantidade e pela qualidade do gado. Essa é a região do Brasil que mais produz leite, utilizado para o consumo humano e como matéria-prima nas fábricas de laticínios.

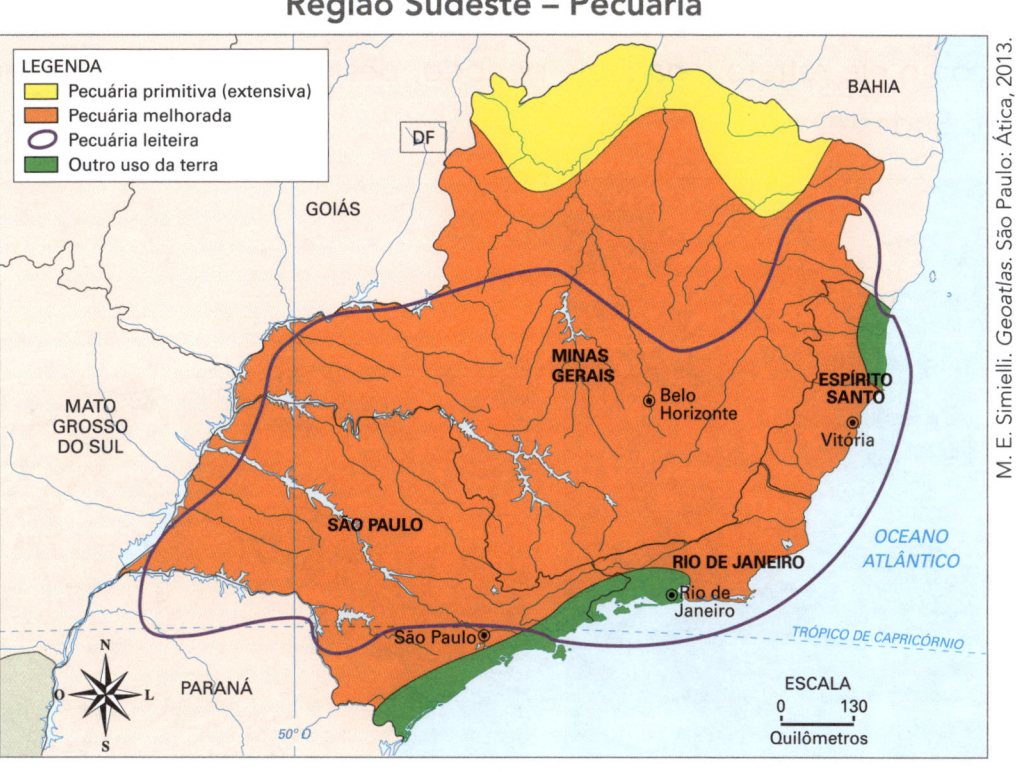

**Região Sudeste – Pecuária**

LEGENDA
- Pecuária primitiva (extensiva)
- Pecuária melhorada
- Pecuária leiteira
- Outro uso da terra

M. E. Simielli. Geoatlas. São Paulo: Ática, 2013.

**1** Em quais estados do Sudeste se cria gado para a produção de leite?
_____

**2** Utilizando os pontos cardeais, identifique em que parte dessa região se pratica a pecuária primitiva. _____

**3** Em uma folha avulsa, faça três desenhos mostrando a pecuária primitiva, a pecuária melhorada e a pecuária leiteira. Se preferir, recorte fotos de jornais ou revistas. Na data marcada entregue ao professor.

**4** Agora, veja novamente o mapa da página 111 e responda:

a) Quais são os principais rebanhos da região Sudeste? _____
_____

b) Cite três produtos fabricados com a matéria-prima desses animais.
_____
_____

CAPÍTULO 1   **113**

## Pesquise

Nas décadas de 1950 e 1960, o artista plástico Percy Lau retratou costumes e aspectos do nosso país com desenhos a **bico de pena**, que mais tarde foram agrupados e publicados.

Veja como ele retratou, naquele período, pessoas e atividades econômicas da região Sudeste:

Colheita de café

Bananeiros

1. Pesquise duas atividades econômicas atuais da região Sudeste.

2. Escreva um pequeno texto sobre elas e represente-as em uma folha de papel, utilizando a técnica de desenho que você preferir.

3. No final, veja o que seus colegas fizeram. Depois, todos juntos, com a ajuda do professor, vão expor os desenhos na sala de aula.

4. Comparem os desenhos que vocês fizeram com os de Percy Lau e respondam oralmente:
   - As atividades representadas são as mesmas?

# Região Sul – Nem todo o Brasil é tropical

A região Sul é a terceira mais populosa do país. Sua população é de aproximadamente 28 milhões de habitantes. Economicamente, é a segunda região mais importante do Brasil, com destaque para os setores agrícola e industrial. Observe no mapa abaixo quais são os estados e as principais cidades da região Sul.

**Região Sul – Político**

M. E. Simielli. *Geoatlas*. São Paulo: Ática, 2013.

Neve em São José dos Ausentes, no estado de Santa Catarina, 2013.

**1** Escreva o nome de quatro principais cidades dessa região. _____

**2** Explique a frase abaixo, baseando-se no que você já estudou sobre os tipos de clima no Brasil.

> A região Sul nos mostra que nem todo o Brasil é tropical.

A região Sul recebeu grande número de imigrantes europeus para trabalhar na lavoura. Hoje ainda seus descendentes se dedicam à agricultura, mas também à produção industrial e ao comércio.

Nessa região predomina a população branca, descendente principalmente de imigrantes alemães e italianos.

A cultura brasileira recebeu contribuições desses imigrantes europeus. Isso pode ser visto na alimentação, nas festas, no modo de falar, nas construções.

Colheita de uvas feita por descendentes de imigrantes italianos em Silveira Martins, no estado do Rio Grande do Sul, 2011.

Construção alemã típica, em Blumenau, no estado de Santa Catarina, 2014.

Desfile durante festa alemã, em Blumenau, no estado de Santa Catarina, 2010.

**1** Pesquise e cite alguma manifestação cultural da região Sul que seja contribuição dos imigrantes europeus. ⎯⎯⎯

**2** Elabore um pequeno texto com informações sobre a região Sul.

A agricultura e a pecuária são atividades econômicas que se destacam na região Sul. Observe o mapa.

**1** Cite três produtos agrícolas cultivados nessa região.

_____

**2** Quais são os estados sulinos que se destacam na fruticultura?

_____

_____

**3** Quais são os principais rebanhos da região?

_____

**Região Sul – Economia**

Mapa elaborado pela autora em 2014, com base em *Atlas geográfico escolar* (IBGE, 2012) e dados de *Brasil em números* (IBGE, 2013).

## Leia mais

No sudoeste do Rio Grande do Sul há imensas áreas de areia, os **areais**. Algumas áreas podem ser recuperadas com reflorestamento ou gramíneas e o uso mais adequado do solo. Leia o poema:

### Areais

Quando criança, nos campos da tia Amélia,
brinquei nos areais, ao sol do meio-dia.
Era proibido brincar, ao sol do meio-dia.
Quando adulto, nos campos da tia Amélia,
voltei aos areais.
Ao sol do meio-dia, lá eles não estão mais.

Dirce Suertegaray. *Deserto Grande do Sul*.
Porto Alegre: Ed. da UFRGS, 2003.

- Responda oralmente: o que aconteceu com os areais da tia Amélia?

Como você já viu, na região Sul destaca-se uma população composta basicamente de imigrantes. Eles e seus descendentes forneceram importante mão de obra para a instalação de indústrias na região Sul: principalmente indústrias têxteis, de cristais, porcelana, vinho, madeira, calçados e bolsas, indústrias químicas, metalúrgicas e automobilísticas.

Indústria de móveis em Andirá, no estado do Paraná, 2013.

Indústria de fios (têxteis) em Maringá, no estado do Paraná, 2013.

Indústria automobilística (de veículos pesados – caminhões, ônibus, etc.) em Caxias do Sul, no estado do Rio Grande do Sul, 2012.

1. Quais são as principais matérias-primas utilizadas nas indústrias das fotos?
_____
_____

2. Nas fotos acima você viu indústrias do Paraná e do Rio Grande do Sul. Reúna-se em grupo e faça uma pequena pesquisa para descobrir dois tipos de indústria de Santa Catarina. Anote: _____
_____

## Pesquise

Veja agora como o artista plástico Percy Lau retratou, nas décadas de 1950 e 1960, aspectos e situações da região Sul:

**Charqueada**

Gaúcho

1. Faça o mesmo trabalho que você fez para a região Sudeste. Pesquise duas atividades econômicas atuais da região Sul.

2. Escreva um pequeno texto sobre elas e depois represente-as em uma folha de papel com a técnica de desenho que você preferir.

3. Compare seu trabalho com o dos seus colegas. Com a ajuda do professor vocês vão expor os trabalhos em sala de aula.

4. Comparem os desenhos que vocês fizeram com os desenhos de Percy Lau e respondam:

- As atividades econômicas representadas são as mesmas?

# CAPÍTULO 2
## Do litoral para o interior

Vamos relembrar as regiões do Brasil?

Observe o mapa ao lado. Nele, destacamos as regiões que serão estudadas neste capítulo.

**1** Junto com seu professor, complete o quadro a seguir.

**2** Em grupos, conversem sobre o que vocês sabem a respeito de cada uma dessas regiões. Depois, apresentem para os demais colegas da classe.

**Brasil – Regiões administrativas**

| Região | Estados e Distrito Federal | Sigla | Capital |
|---|---|---|---|
| Nordeste | _____ | AL | _____ |
| | _____ | _____ | Salvador |
| | Ceará | _____ | _____ |
| | _____ | _____ | São Luís |
| | Paraíba | PB | _____ |
| | _____ | PE | Recife |
| | _____ | PI | _____ |
| | _____ | _____ | Natal |
| | _____ | SE | Aracaju |
| Centro-Oeste | Goiás | _____ | Goiânia |
| | _____ | MT | _____ |
| | Mato Grosso do Sul | _____ | _____ |
| | _____ | _____ | Brasília |
| Norte | Acre | AC | _____ |
| | _____ | AP | Macapá |
| | Amazonas | AM | _____ |
| | _____ | _____ | Belém |
| | _____ | RO | Porto Velho |
| | Roraima | _____ | _____ |
| | _____ | TO | _____ |

# Região Nordeste – Pelas praias e sertões

O Nordeste do Brasil é uma região que apresenta grande variedade de paisagens. O litoral é mais úmido, o Sertão sofre secas periódicas e o Agreste é uma região de transição entre essas duas sub-regiões. É a segunda região mais populosa do país, com mais de 53 milhões de habitantes.

Observe, no mapa ao lado, onde se localizam os estados e as principais cidades que compõem a região Nordeste.

**Região Nordeste – Político**

M. E. Simielli. *Geoatlas*. São Paulo: Ática, 2013.

**1** Observe novamente o mapa e faça o que se pede.

a) Nem todas as capitais nordestinas ficam no litoral. Uma delas fica no interior. Qual capital é essa? _____

b) Cite o nome de outras quatro cidades importantes da região.

_____

**2** Escreva um pequeno texto usando as seguintes palavras:

| | | | |
|---|---|---|---|
| VERDE | SECA | PICOS – PI | BABAÇU |
| CHUVA | BACABAL – MA | SERTÃO | MUNICÍPIO |

CAPÍTULO 2 **121**

Vimos na página anterior que o Nordeste apresenta paisagens bastante variadas e que, por isso, é dividido em sub-regiões. Observe no mapa e nas fotos as sub-regiões do Nordeste e algumas de suas características.

Paisagem do Meio-Norte, com a mata de Cocais, onde existem as palmeiras babaçu, buriti e carnaúba. Na foto, buritizal em Barreirinhas, no estado do Maranhão, 2013.

### Região Nordeste – Sub-regiões

LEGENDA
- Zona da Mata
- Agreste
- Sertão
- Meio-Norte

Mapa elaborado pela autora em 2014.

No Sertão há também áreas onde se pratica a agricultura irrigada. Na foto, vista do rio São Francisco em Juazeiro, no estado da Bahia, 2012.

O Sertão é uma área de chuvas irregulares. Quando faltam as chuvas a vegetação fica bastante seca. Na foto, cacto xique-xique na Caatinga, em Carnaúba dos Dantas, no estado do Rio Grande do Norte, 2012.

O Agreste é uma área de transição entre a Zona da Mata e o Sertão. Na foto, Buíque, no estado de Pernambuco, 2013.

Recife, no estado de Pernambuco, está na Zona da Mata. Esta sub-região possui solos férteis e maior umidade. Foto de 2013.

**1** Discuta com seus colegas e, depois, anote:

a) É certo dizer que a seca é um fenômeno que ocorre em todo o Nordeste? Por quê?

_____
_____
_____

b) Como é possível praticar a agricultura comercial no Sertão nordestino, sub-região tradicionalmente afetada pela seca? _____

_____

**2** No caderno, faça dois desenhos, bem coloridos, de uma mesma paisagem em duas situações opostas: a primeira em época de seca prolongada e a segunda após um período de chuvas.

### saiba mais

## Um rio bem brasileiro

O rio São Francisco nasce no interior de Minas Gerais, na região Sudeste, e avança por quatro estados do Nordeste antes de desaguar no oceano Atlântico. Corre apenas dentro do território brasileiro, servindo de via de transporte e irrigando as áreas que atravessa. Fornece também energia elétrica.

Observe a maquete do rio São Francisco e as fotos da página seguinte, que ilustram as áreas correspondentes aos números na maquete.

**1. Nascente (MG)** – O rio São Francisco nasce no alto da serra da Canastra, no estado de Minas Gerais. Foto de 2013.

**2. Pirapora (MG)** – Em Pirapora começa um dos grandes trechos navegáveis do rio São Francisco. A cidade ficou famosa como ponto de partida de grandes barcos de passageiros (gaiolas), que atualmente fazem apenas passeios turísticos. Foto de 2012.

**3. Região da represa de Sobradinho (BA)** – Na região da represa de Sobradinho há vários projetos de fruticultura irrigada que contrasta com a vegetação seca do Sertão. Foto de 2010.

**4. Petrolina (PE) e Juazeiro (BA)** – São as maiores cidades às margens do rio São Francisco. Foto de 2011.

**5. Xingó (SE/AL)** – Usina hidrelétrica entre os estados de Sergipe e Alagoas. Junto com outras usinas desta região, fornece energia ao Nordeste do Brasil. Foto de 2012.

**1** Quais são os estados percorridos pelo rio São Francisco? E as regiões?

_____

_____

**2** Releia as legendas desta página e grife uma frase que comprove que o São Francisco percorre um trecho mais plano, diferente da região onde nasce.

**3** Em que direção o rio São Francisco corre? Por quê? _____

_____

CAPÍTULO 2    **125**

No Nordeste são desenvolvidas diversas atividades econômicas. A região se destaca como principal produtora de sal marinho e abriga importantes **jazidas** de petróleo. Observe o mapa e as imagens a seguir.

## Região Nordeste – Economia

Mapa elaborado pela autora em 2014, com base em *Atlas geográfico escolar* (IBGE, 2012) e dados de *Brasil em números* (IBGE 2013).

**LEGENDA**
- Cana-de-açúcar
- Feijão
- Soja
- Café
- Frutas: (caju, manga, coco)
- Cacau
- Babaçu/Carnaúba
- Algodão
- Criação de bovinos
- Criação de caprinos
- Criação de suínos
- Indústria
- Petróleo
- Sal marinho

Salina em Grosso, no estado do Rio Grande do Norte, 2011.

Extração de petróleo no estado da Bahia, 2009. O petróleo é retirado do fundo do mar, na costa brasileira.

**126** UNIDADE 3

**1** Com base no mapa da página ao lado, responda:

a) Quais são os principais produtos do extrativismo vegetal no Nordeste?
_____

b) Quais são os principais produtos da agricultura da região? _____
_____

**2** Complete o quadro a seguir de acordo com o mapa.

| Produtos | Principais estados produtores |
|---|---|
| Sal marinho | |
| Fruta: caju | |
| Criação de caprinos | |

**3** As fotos da página ao lado mostram os estados produtores de sal marinho (Rio Grande do Norte) e de petróleo (Bahia). Observe novamente o mapa ao lado e localize outros estados que produzem sal marinho e petróleo. Anote o nome dos estados.
_____
_____

## ➕ Saiba mais

No Nordeste existe uma formação florestal chamada mata de Cocais. Nela predominam o babaçu e a carnaúba, palmeiras intensamente aproveitadas na alimentação, na indústria e na construção de casas e objetos.

Mulher quebrando coco babaçu, no estado do Tocantins, 2011.

**1** Com a orientação do professor, faça uma pesquisa em livros ou *sites* e procure alguns produtos industrializados que utilizam o babaçu e a carnaúba como matéria-prima.

**2** Monte um cartaz com suas informações e imagens sobre o tema e apresente-as oralmente.

## pesquise

Você já viu outros desenhos do Percy Lau, quando estudou as regiões Sudeste e Sul. Veja como ele retratou, nas décadas de 1950 e 1960, aspectos humanos e econômicos da região Nordeste:

Água de cacimba

Fabricante de farinha de mandioca

1. Faça uma pesquisa sobre duas atividades econômicas atuais da região Nordeste.

2. No caderno, escreva um pequeno texto sobre elas e represente-as em uma folha de papel utilizando a técnica de desenho que você preferir.

3. Compare seu trabalho com o dos seus colegas. Com a ajuda do professor, vocês vão expor os trabalhos na sala de aula.

4. Comparem os desenhos que vocês fizeram com os desenhos de Percy Lau e respondam:
   - As atividades econômicas representadas são as mesmas?

# Regiões Centro-Oeste e Norte – Por cerrados e florestas

Se comparadas a outras regiões do país, Centro-Oeste e Norte podem ser consideradas regiões em construção.

Apesar de serem as regiões menos populosas do Brasil, elas apresentam atividades econômicas, industriais e urbanização em crescimento.

Observe no conjunto de fotos algumas características dessas regiões.

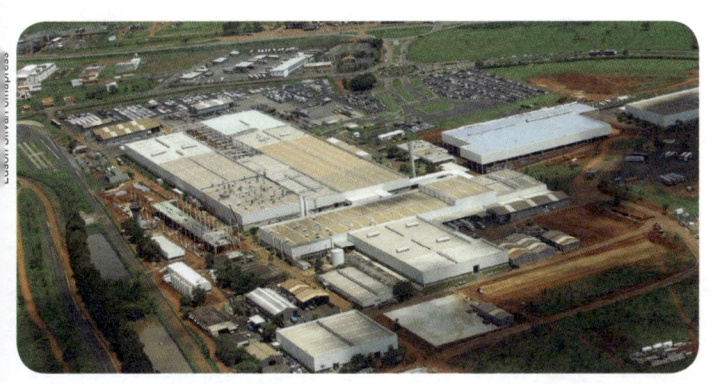

Vista aérea de montadora de carros em Catalão, no estado de Goiás (região Centro-Oeste), 2012.

Gado Nelore em Itiquira, no estado do Mato Grosso (região Centro-Oeste), 2011.

Campo Grande, capital do estado do Mato Grosso do Sul (região Centro-Oeste), 2013.

Plantio mecanizado de soja em Lagoa da Confusão, no estado do Tocantins (região Norte), 2013.

Vista de Manaus, capital do estado do Amazonas (região Norte), 2013.

Extração de minério de ferro nas minas de Carajás, no estado do Pará (região Norte), 2011.

CAPÍTULO 2 **129**

Embora a população do Centro-Oeste tenha crescido bastante nos últimos sessenta anos, essa região ainda abriga o menor número de habitantes no Brasil.

Em 1940 havia pouco mais de um milhão de pessoas; em 2010, eram mais de 14 milhões de habitantes. E a população continua crescendo muito.

A construção de Brasília, a abertura de estradas, o clima e o solo favoráveis ao plantio e à pecuária, a facilidade para comprar terras e outros incentivos do governo atraíram e ainda atraem milhares de migrantes para a região, povoando-a rapidamente.

Observe no mapa a seguir quais são os estados e as principais cidades que fazem parte dessa região.

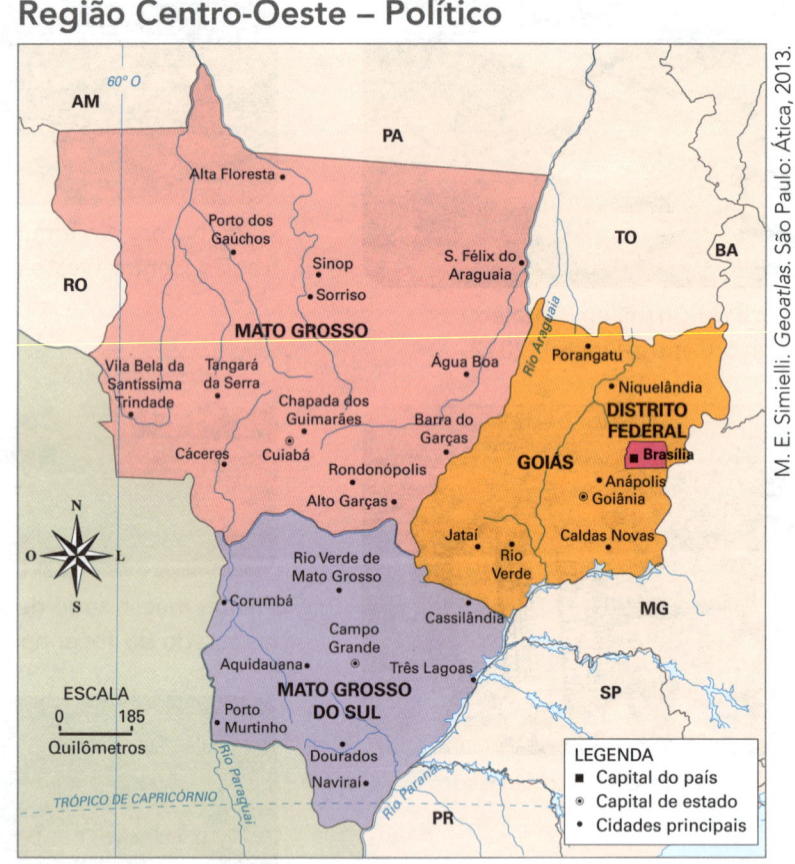

**Região Centro-Oeste – Político**

M. E. Simielli. Geoatlas. São Paulo: Ática, 2013.

**1** Cite quatro cidades importantes da região. _____

**2** Por que a construção de Brasília atraiu as pessoas?

As áreas de cerrado e de floresta da região Centro-Oeste estão sendo cada vez mais ocupadas por plantações e criação de gado e correm o risco de desaparecer. Os produtos agrícolas mais cultivados são soja, trigo, algodão, milho, arroz e feijão.

Na pecuária, destaca-se o gado bovino. É o maior rebanho do país e se destina, em grande parte, aos frigoríficos do Sudeste e à exportação para outros países.

Observe o mapa abaixo.

**Região Centro-Oeste – Economia**

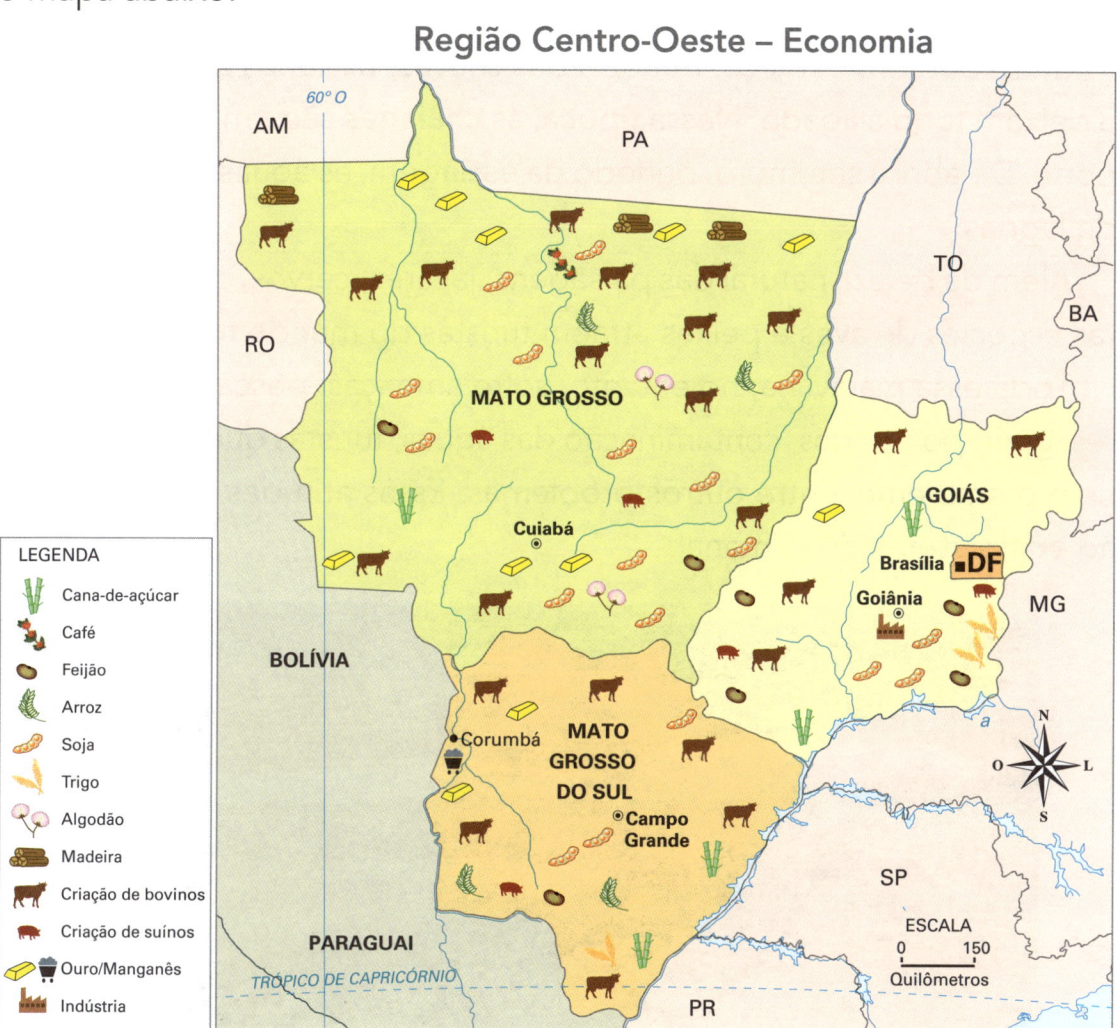

Mapa elaborado pela autora em 2014, com base em *Atlas geográfico escolar* (IBGE, 2012) e dados de *Brasil em números* (IBGE, 2013).

**1** Com base no mapa, responda:

a) Em qual estado há maior ocorrência de ouro? _____

b) Qual o estado com maior criação de gado bovino? _____

c) Onde estão as indústrias da região? _____

**2** Qual é a grande ameaça para as áreas de floresta e de cerrado da região Centro-Oeste? Discuta a questão com seus colegas e seu professor.

# Trançando saberes

## O Pantanal Mato-Grossense e os parques nacionais

O Pantanal é uma imensa planície que abrange parte dos estados de Mato Grosso e Mato Grosso do Sul.

Entre outubro e março, período das chuvas, os vários rios da região transbordam e deixam tudo alagado. Nessa época, as **chalanas** são um importante meio de transporte. De abril a setembro, período da **estiagem**, as águas baixam e surgem milhares de lagoas.

Além da beleza natural das paisagens, jacarés, cervos, capivaras, macacos, inúmeras espécies de aves e peixes atraem turistas do mundo todo.

Toda essa maravilha, no entanto, sofre ameaças: pesca predatória, caça aos jacarés, garimpo nos rios, contaminação das águas, turistas que não respeitam os animais nem o ambiente, entre outros problemas. Essas atitudes causam grandes prejuízos ao **ecossistema** do Pantanal.

Vista do Pantanal em época de cheia, no estado do Mato Grosso do Sul, 2012.

Chalana no rio Paraguai, no estado do Mato Grosso, 2012.

Jacarés-do-pantanal em Poconé, no estado do Mato Grosso, 2013.

Mas não é apenas o Pantanal que está sofrendo ameaças. O cerrado, vegetação natural predominante no Centro-Oeste, está desaparecendo para dar lugar à pecuária e às plantações de soja, algodão, trigo e cana-de-açúcar. A aplicação de fertilizantes e pesticidas nessas plantações afeta as espécies vegetais e animais. Como protegê-las?

Você já ouviu falar dos parques nacionais? Eles são criados para conservar áreas naturais. O Parque Nacional das Emas, no estado de Goiás, por exemplo, tem como objetivo proteger o cerrado e a fauna desse lugar.

### Parque Nacional das Emas

**EMA**
É a maior ave brasileira, chegando a ultrapassar 1,60 metro de altura. Não voa, mas é muito veloz.

**TAMANDUÁ**
É quase cego e surdo, mas tem ótimo olfato. Pode sentir o cheiro de uma presa ou de um predador a dezenas de metros de distância.

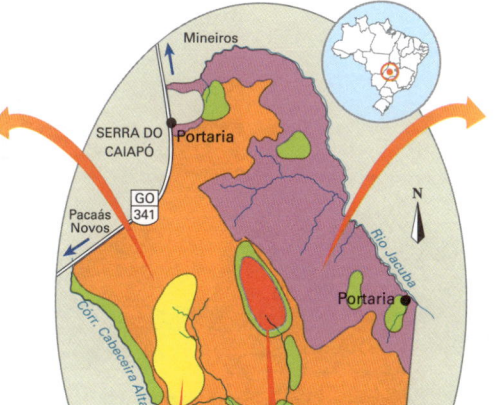

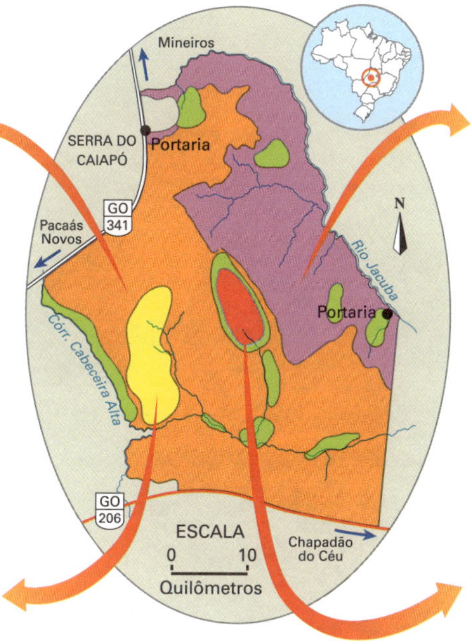

**ONÇA**
É o maior e mais perigoso predador da região.

**LOBO-GUARÁ**
É uma das espécies da fauna brasileira ameaçadas de extinção. Há apenas sessenta animais em todo o parque.

**OUTROS ANIMAIS** (arara, anta, cobra, veado-campeiro, etc.)

Mapa elaborado pela autora em 2014.

**1** Em grupo, com orientação do professor, escrevam, no caderno, um pequeno texto indicando o que poderia ser feito para evitar as ameaças que o Pantanal e o cerrado vêm sofrendo. Depois, apresentem para os demais colegas.

**2** Você leu no texto que o garimpo nos rios é uma ameaça para o Pantanal. Entre outros problemas causados pelo garimpo, tem-se a utilização de mercúrio – uma substância tóxica – para separar o ouro de outros sedimentos e partículas.

• Pesquise em livros ou na internet quais problemas o mercúrio pode causar ao ambiente e aos seres humanos. Depois apresente à classe.

## Pesquise

Mais uma vez apresentamos desenhos do artista plástico Percy Lau. Veja como ele retratou, nas décadas de 1950 e 1960, aspectos econômicos e humanos da região Centro-Oeste.

**Garimpeiros**

**Boiadeiros**

**1** Pesquise duas atividades econômicas atuais da região Centro-Oeste.

**2** No caderno, escreva um pequeno texto sobre elas e represente-as em uma folha de papel utilizando a técnica de desenho que você preferir.

**3** Compare seu trabalho com o dos seus colegas. Com a ajuda do professor, vocês vão expor os trabalhos na sala de aula.

**4** Comparem os desenhos que vocês fizeram com os desenhos de Percy Lau e respondam:

- As atividades econômicas representadas são as mesmas?

A região Norte é a maior em área, mas, assim como a região Centro-Oeste, possui pouca população. Em 2010 sua população era de aproximadamente 16 milhões de habitantes.

É conhecida pela presença da floresta Amazônica e de muitos rios. É também a região com a maior porcentagem de população indígena.

Veja no mapa abaixo quais são os estados e as principais cidades dessa região.

**Região Norte – Político**

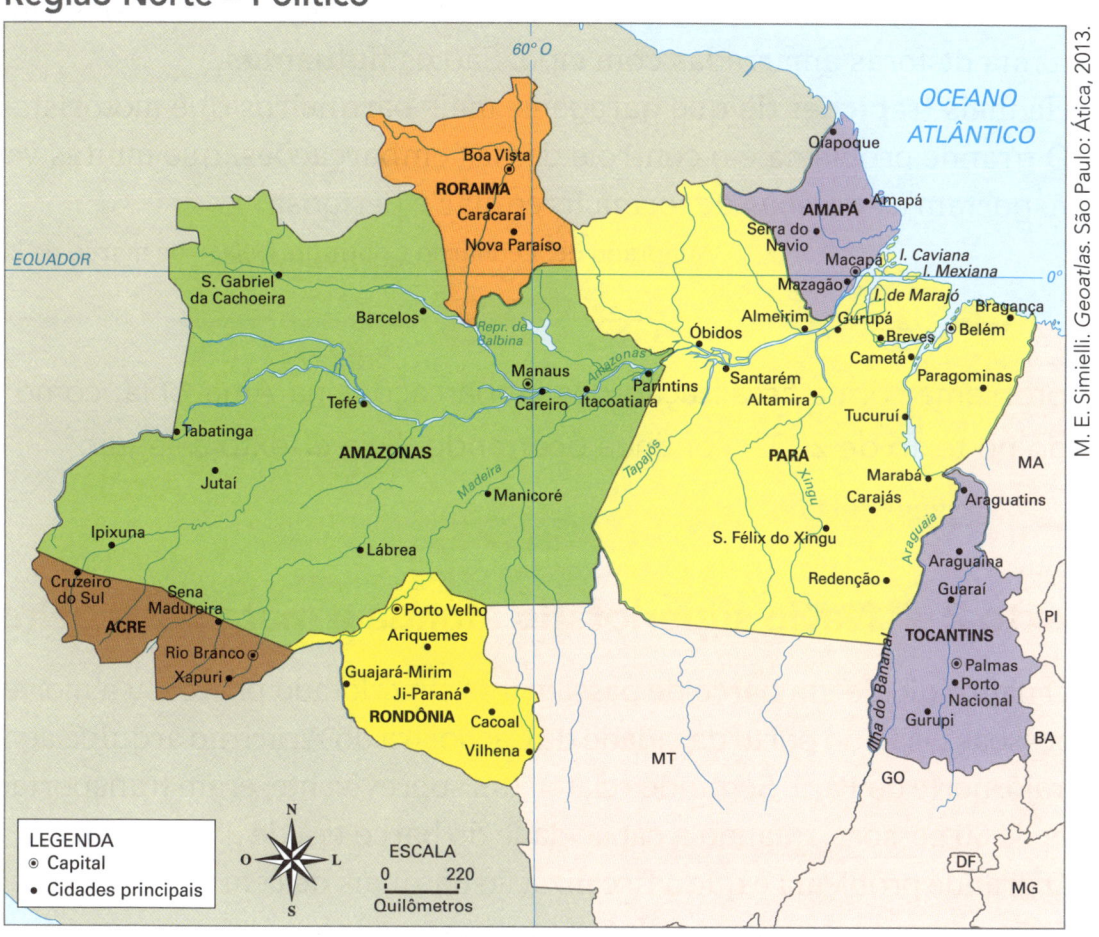

1. Com o auxílio do seu professor, responda:

   a) Onde se localiza a maioria das cidades da região Norte? _____

   _____

   b) E no estado de Rondônia, onde estão as cidades? _____

2. Justifique oralmente a afirmação abaixo, utilizando o mapa de distribuição da população brasileira (página 79) e o mapa de vegetação atual do Brasil (página 53).

   > A região Norte tem muita área verde e pouca gente.

## Leia mais

### Texto 1 — A vida vai de barco

Praticamente tudo o que é produzido e consumido na região viaja de barco ou de navio. As grandes cidades ficam à margem dos rios, assim como a mais isolada casa de **caboclo**, assentada sobre palafitas.

Existem ainda habitações que flutuam sobre as águas e são construídas em cima de toras amarradas com cipó. São os **flutuantes**.

Há mais **trapiches** do que garagens, mais barqueiros que motoristas.

O grande problema é o controle dessas embarcações, que muitas vezes transportam as pessoas de forma irregular e perigosa.

Adaptado de: Leonardo Coutinho. *Veja*, 6 de março de 2002.

O problema com a fiscalização das embarcações na Amazônia, como apresentado no texto de 2002, continua ocorrendo. Leia o texto a seguir.

### Texto 2 — Navio superlotado afunda e mata passageiros

O naufrágio de um barco de passageiros superlotado provocou a morte de 13 pessoas perto do porto da cidade de Cachoeira do Arari, no arquipélago de Marajó, norte do Pará. Segundo relatou um sobrevivente, eram transportadas mais de 60 pessoas, quando a capacidade do barco era de 25.

O grande problema é que a fiscalização das mais de cem mil embarcações que diariamente navegam pelos rios da Amazônia ainda representa um desafio para a Capitania dos Portos da região, que tem um quadro insuficiente de homens para inspecionar milhares de portos.

Adaptado de: Carlos Mendes. *O Estado de S. Paulo*, 20 de abril de 2013.

Discuta com seus colegas e professor:

1. Qual é a importância dos rios na Amazônia?
2. Cite pelo menos um problema do transporte fluvial na Amazônia.

As riquezas vegetais da floresta Amazônica e a abundância de minerais fazem da região Norte um dos espaços mais ricos do mundo em recursos naturais. Atualmente, esses recursos estão sendo muito explorados.

Observe no mapa a seguir os principais produtos animais, vegetais e minerais encontrados na região Norte.

**Região Norte – Economia**

1. Complete o quadro com as informações do mapa.

| Principais produtos do extrativismo vegetal | Principais riquezas minerais |
|---|---|
| _____ | _____ |
| _____ | _____ |

2. Marque no mapa as principais riquezas vegetais com círculos vermelhos e as principais riquezas minerais com círculos verdes.

3. Considerando os pontos cardeais, onde a retirada de madeira é maior?

_____

4. Qual é o estado da região Norte com maior concentração de riquezas minerais?

_____

CAPÍTULO 2

### Divirta-se

A ocupação da região Norte está sendo feita principalmente à custa da destruição da floresta Amazônica. Cada vez mais a floresta desaparece para dar lugar a pastos, plantações e novas cidades.

**1** Leia os quadrinhos.

**Vida de Passarinho** — CAULOS

— FELIZ ANO-NOVO, JOÃO-DE-BARRO.
— FELIZ ANO-NOVO, SABIÁ.

— QUE CARA TRISTE E' ESSA, AMIGO?

— AMANHÃ E' O PRIMEIRO DIA DO ANO-NOVO, DIA DA CONFRATERNIZAÇÃO UNIVERSAL.

— SEI DISSO, SABIÁ. EU TAMBÉM ESTAVA ALEGRE ASSIM COMO VOCÊ.

— ENTÃO VIM DESEJAR UM FELIZ ANO-NOVO PRA MINHA ÁRVORE PREFERIDA...

— ...MAS NÃO FOI POSSÍVEL.

© Caulos/Acervo do cartunista

**2** Discuta com seus colegas e anote sua resposta:

a) Por que João-de-Barro ficou triste? _____

_____

b) O que podemos aprender com essa história? _____

_____

## Pesquise

Voltamos ao artista plástico Percy Lau, que nas décadas de 1950 e 1960 retratou pessoas, costumes e atividades das regiões brasileiras. Veja como ele retratou pessoas e aspectos econômicos da região Norte.

Fundação IBGE, 1975. *Tipos e aspectos do Brasil.*

Seringueiro

Fundação IBGE, 1975. *Tipos e aspectos do Brasil.*

Pesca do pirarucu

**1** Pesquise duas atividades econômicas atuais da região Norte.

**2** No caderno, escreva um pequeno texto sobre elas e represente-as em uma folha de papel utilizando a técnica de desenho que você preferir.

**3** Compare seu trabalho com o dos seus colegas. Com a ajuda do professor, vocês vão expor os trabalhos na sala de aula.

**4** Comparem os desenhos que vocês fizeram com os desenhos de Percy Lau e respondam:

- As atividades econômicas representadas são as mesmas?

# O que estudamos

**UNIDADE 3**

Conhecemos as cinco regiões brasileiras:

### Região Sudeste

### Região Sul

### Região Nordeste

### Região Centro-Oeste

### Região Norte

# Desenhando também aprendo

Os desenhos abaixo representam assuntos importantes estudados em cada capítulo da Unidade 3.

**1** Observe os desenhos atentamente.

## Unidade 3 – O espaço regional

### Capítulo 1. Do Sudeste ao Sul

### Capítulo 2. Do litoral para o interior

**2** Agora é a sua vez! Para cada capítulo, faça um desenho do que você mais gostou ou achou importante estudar na terceira unidade deste livro. Se preferir, faça uma colagem.

141

# UNIDADE 4

# Aquarela do Brasil

# CAPÍTULO 1
# Imagens brasileiras

Leia a letra desta canção e veja como alguns estados brasileiros são retratados.

## Aquarela brasileira

[...]
Passeando pelas **cercanias**
    do Amazonas
Conheci vastos seringais
No Pará, a ilha de Marajó
[...]
Caminhando ainda um pouco mais
Deparei com lindos coqueirais
Estava no Ceará [...]

Fiquei radiante de alegria
Quando cheguei na Bahia
Bahia de Castro Alves,
    do acarajé [...]

Assisti em Pernambuco
À festa do frevo e do maracatu
Brasília tem o seu destaque
Na arte, na beleza e arquitetura
Feitiço de garoa pela serra
São Paulo engrandece a nossa terra

Do leste, por todo o Centro-Oeste
Tudo é belo e tem lindo matiz
O Rio dos sambas e batucadas, [...]

Brasil,
Essas nossas verdes matas
Cachoeiras e cascatas
De colorido sutil
E este lindo céu azul de anil
Emolduram em aquarela o meu Brasil [...]

Silas de Oliveira. CD *Maravilha de cenário*. RCA Victor.

Discuta com seus colegas e o professor:

1. Por que o título da canção é "Aquarela brasileira"?

2. Quais são as regiões do Brasil que não têm nenhum estado citado na canção? O que você tem a dizer sobre essas regiões?

# O Brasil em mapas

Cada pessoa tem uma forma de expressar seus sentimentos e ideias sobre outras pessoas, lugares ou acontecimentos. Os pintores, os escultores, os cartógrafos, os fotógrafos, os compositores, os cantores, os poetas, os escritores destacam-se pela forma especial de se expressar.

Vamos agora analisar uma forma de representação muito especial para a Geografia: os mapas.

Os seres humanos sempre se preocuparam em mapear ou desenhar os lugares onde viviam ou por onde passavam. Hoje em dia, os mais modernos mapas são elaborados a partir de imagens feitas por satélites e fotografias aéreas, como podemos ver nas imagens a seguir.

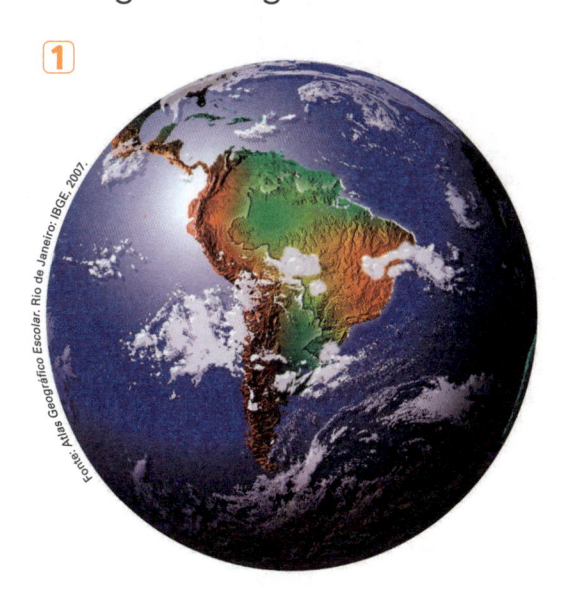

1 Responda:

a) O que são as manchas brancas na imagem 1? _____

b) Observe o contorno do Brasil. Você acha que esse contorno existe na realidade?

_____

c) Qual das duas áreas representadas é maior? Em qual delas você vê mais detalhes?

_____

2 Em que situações do nosso dia a dia vemos representações como essas? Discuta com seus colegas.

Nos primeiros anos após 1500, portugueses, espanhóis e franceses viajavam apenas pelo litoral do Brasil. Ainda pensavam que o território brasileiro era uma ilha e nada conheciam do interior.

Os primeiros mapas do Brasil datam do século XVI, época em que os portugueses começaram a vir para cá.

**1** Observe o mapa:

### Brasil – Capitanias (século XVI)

Mapa elaborado em 1586.

Fonte: mapa de Luís Teixeira, 1586. Biblioteca da Ajuda, Lisboa.

**2** Discuta com seu professor e seus colegas e responda:

a) O que o autor do mapa retratou? _____

b) Compare o contorno desse mapa do Brasil com o contorno do mapa atual (página 149). Que diferenças você pode perceber? _____

Como não conheciam o interior do país, os primeiros mapas do Brasil retratavam nessas regiões do país, cenas indígenas, animais e monstros imaginários e estranhos.

Uma famosa figura imaginária que aparece em representações desse período são as **amazonas**.

**1** Observe as figuras representadas no mapa:

### América (1546)

Mapa feito em 1546 por Pierre Descelliers.

Fonte: Mapoteca do itamaraty. *Brasil, 500 anos de povoamento.* IBGE.

**2** Discuta as ilustrações desse mapa que representam o que havia no Brasil na época, segundo o autor.

**3** O que o autor desse mapa representou na região onde você mora?

_____

_____

Para representar o Brasil foram feitos muitos mapas. Eles mostram como era o território brasileiro em um determinado período. Os mapas 1, 2 e 3, foram mantidos com grafia, desenho e informações da época. Já o mapa 4 mostra como é o Brasil atualmente, e o mapa 5, na página ao lado, mostra a divisão política do país. Observe cada um deles.

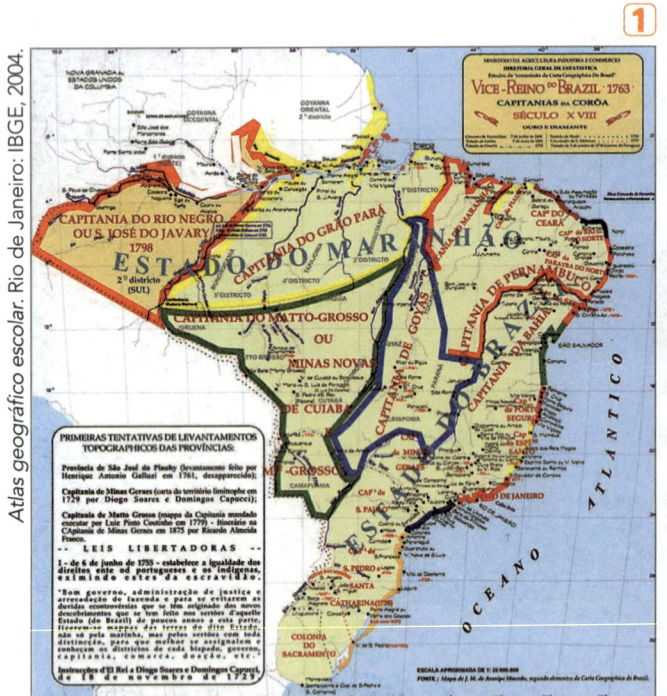

Divisão política do Brasil em 1763 (século XVIII).

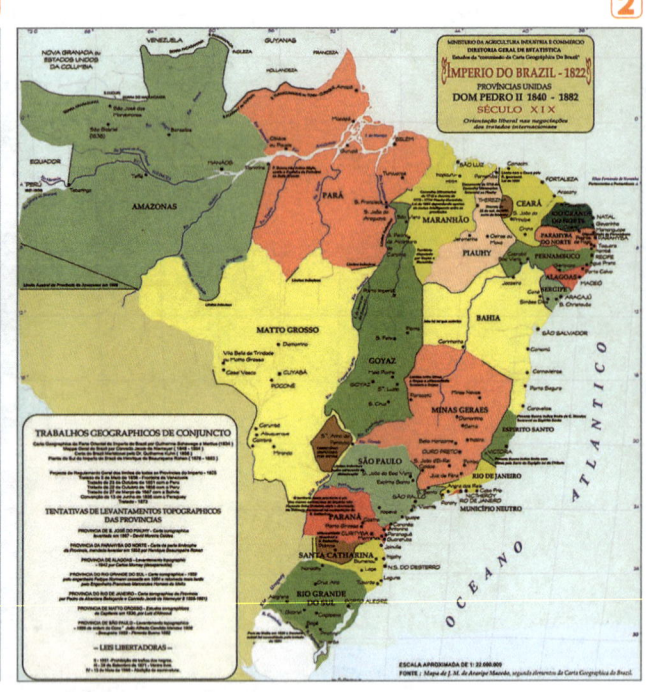

Divisão política do Brasil em 1822 (século XIX).

Divisão política do Brasil em 1889 (século XIX).

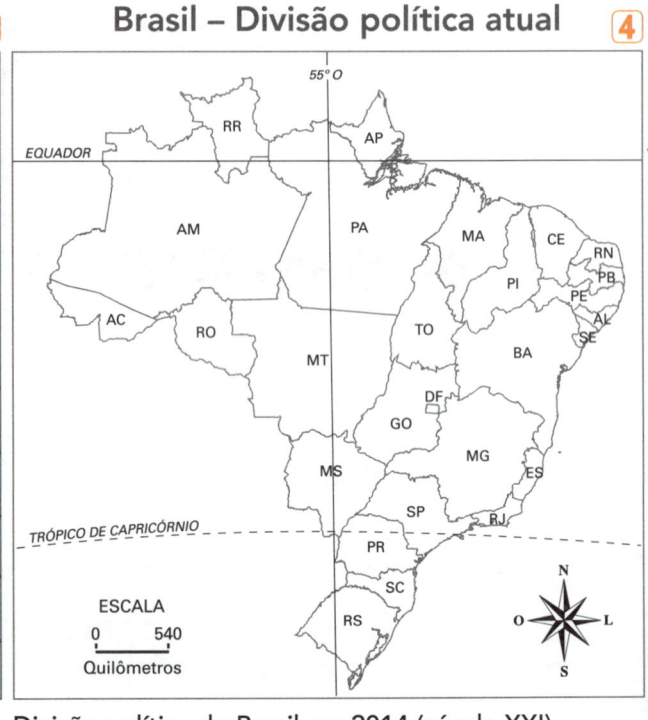

Brasil – Divisão política atual

Divisão política do Brasil em 2014 (século XXI).

**República Federativa do Brasil — 2014 (século XXI)** ⑤

M. E. Simielli. Geoatlas. São Paulo: Ática, 2013.

1. Copie em uma folha de papel transparente o mapa 4 da página anterior.

2. Em seguida, coloque o seu mapa sobre os mapas 1, 2 e 3 e compare cada um deles com o mapa de 2014. Verifique as mudanças ocorridas no Brasil em relação aos seguintes aspectos e anote os dados atuais:

   a) tamanho do território _____

   b) divisão política _____

   c) nome oficial do Brasil _____

3. Discuta com o professor e os colegas:

   a) O que aconteceu com o seu estado?

   b) Compare o mapa de 1889 (mapa 3) com o de 2014 (mapa 4) e cite cinco mudanças significativas.

4. Agora, observe o mapa 5 e localize em que região está o seu estado. Depois, escreva no caderno, o nome de todos os estados da sua região e de suas capitais.

**Caça ao tesouro**

Os mapas podem representar muitos aspectos de um território: divisão política, relevo, clima, vegetação, hidrografia, população, minerais, produção agrícola, produção industrial, estradas, entre outros. Observe estes mapas e analise o que eles representam:

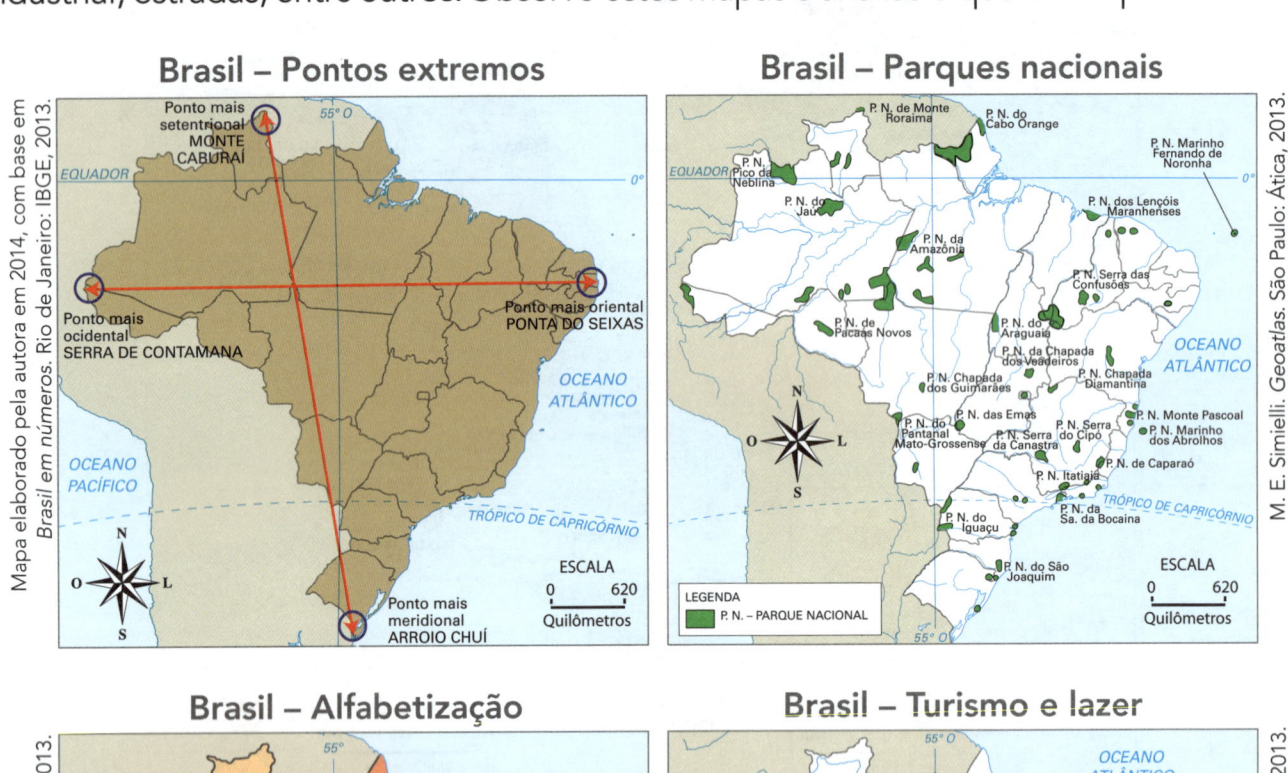

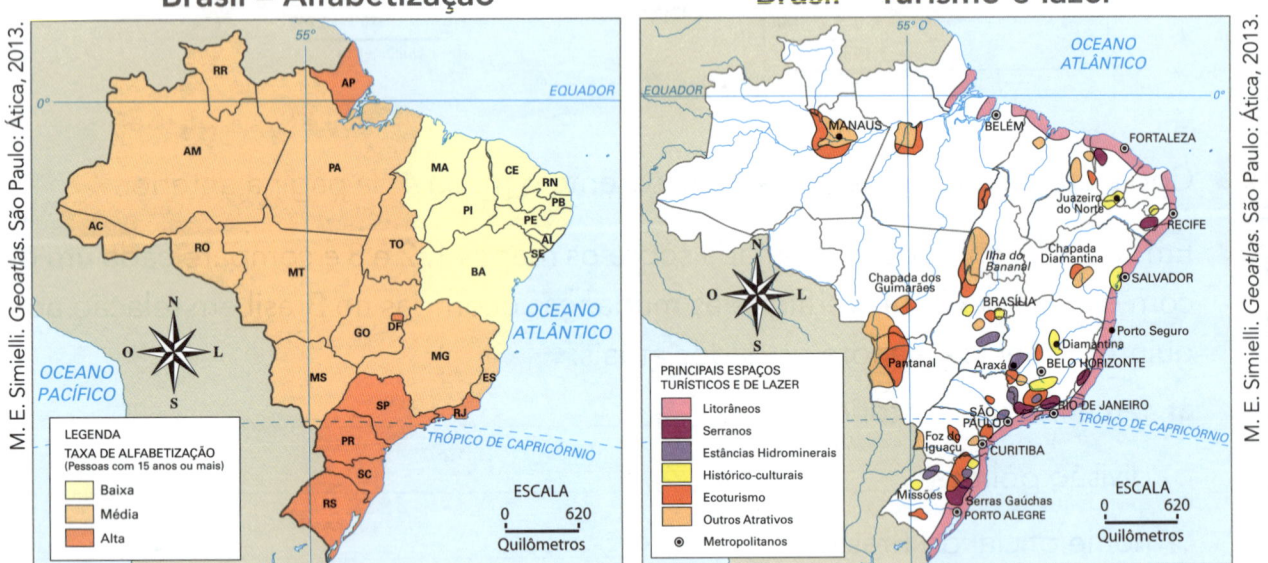

**Brasil – Pontos extremos**

**Brasil – Parques nacionais**

**Brasil – Alfabetização**

**Brasil – Turismo e lazer**

**1** Folheie este livro e escolha dois mapas do Brasil que você achar interessantes. Escreva o título deles e faça um texto, no caderno, explicando por que eles chamaram sua atenção.

**2** Faça o mapa do Brasil numa folha de papel transparente e represente o que você considera mais característico do país. Use as informações dos mapas da atividade 1 ou outras de que você mais gostou. Cole o mapa no caderno.

# O Brasil em retratos

Retratar as paisagens, as pessoas e os acontecimentos é um costume que o ser humano tem desde os tempos mais antigos. Os desenhos, as gravuras, as pinturas e as esculturas são manifestações artísticas muito antigas.

Por meio dessas representações, hoje podemos conhecer muitos aspectos do passado da humanidade e do nosso país.

O Brasil sempre foi retratado por seus habitantes ou visitantes. Observe estas ilustrações. Elas mostram indígenas, os primeiros moradores do território brasileiro.

Gravura de Hans Staden, 1557.

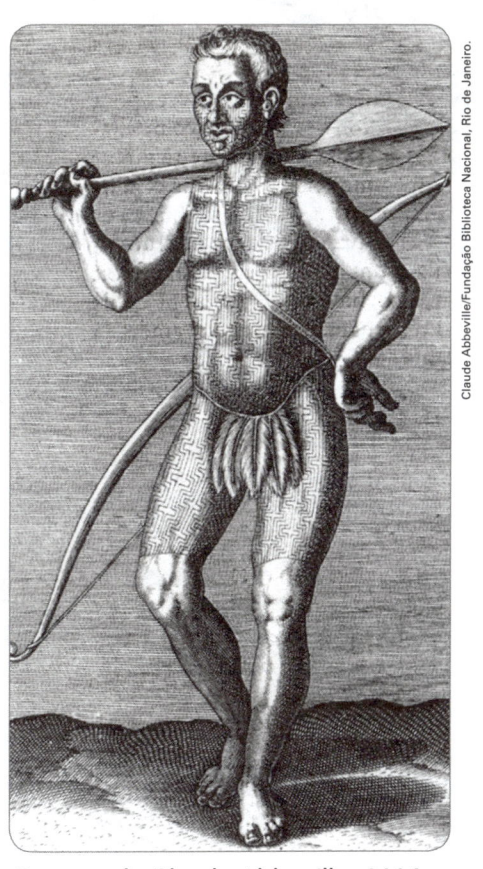

Gravura de Claude Abbeville, 1614.

**1** Para que serviam os objetos que os indígenas carregavam? _____
_____
_____

**2** Procure em livros, revistas ou na internet imagens atuais de indígenas brasileiros e compare com as imagens acima. Faça uma apresentação oral na sala de aula sobre as diferenças que você encontrar.

Inicialmente os portugueses tentaram usar a mão de obra indígena para trabalhar no cultivo da cana e na produção de açúcar. Mas, desde meados do século XVI, por volta de 1550, até quase o fim do século XIX, a maior parte do trabalho no Brasil foi realizada por negros africanos escravizados.

As imagens abaixo mostram a época da escravidão e do cultivo da cana-de-açúcar no Brasil. Observe-as.

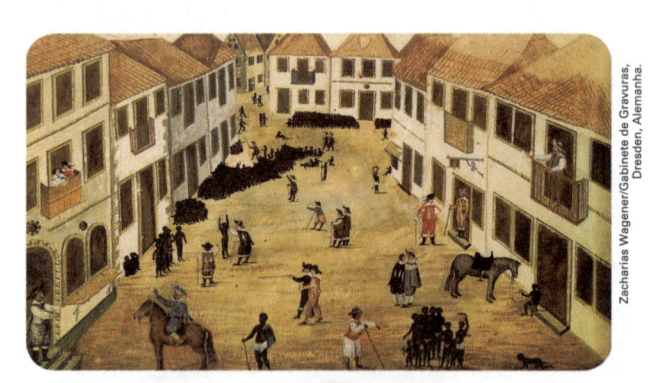

*Mercado de escravos em Recife*, de Zacharias Wagener, século XVII.

A cidade de Recife pintada por Frans Post, 1653.

*Engenho de açúcar no Brasil*, desenho de Frans Post, 1640.

**1** Com a orientação do professor, reúna-se com alguns colegas e procurem em jornais, revistas ou na internet uma imagem atual de:

a) usina de açúcar;

b) negros na sociedade brasileira;

c) cidade do Recife.

**2** Montem um cartaz com as imagens pesquisadas. Depois, comparem as imagens acima com as que vocês pesquisaram e escrevam um pequeno texto com as conclusões do grupo.

**3** Na data marcada pelo professor, apresentem o trabalho à classe.

O período da mineração, que se estendeu por quase todo o século XVIII, ficou registrado principalmente na arquitetura e na escultura. Nessas artes destaca-se Antônio Francisco Lisboa, o Aleijadinho. Conheça algumas obras desse artista.

Doze profetas de pedra esculpidos por Aleijadinho cercam o Santuário de Bom Jesus de Matosinhos, em Congonhas, no estado de Minas Gerais, 2012.

1. Procure em jornais, revistas ou na internet imagens da arquitetura brasileira atual e cole no caderno.

2. Compare as imagens da página 152 e as imagens acima com as que você pesquisou e discuta sua conclusão com seus colegas.

A vinda da família real portuguesa ao Brasil, em 1808, foi decisiva para a chegada de cientistas e artistas que vieram estudar o país e retratá-lo. Como o Rio de Janeiro era a capital do Brasil na época, a cidade e o seu povo foram bastante retratados.

Observe estas imagens:

*Rua Direita no Rio de Janeiro*, de Rugendas, cerca de 1825.

*Negra vendedora*, de Joaquim Cândido Guillobel, cerca de 1819.

*Sege e cadeira*, de H. Chamberlain, 1819. Sege era uma espécie de carruagem usada pelas pessoas mais ricas, assim como a cadeira, ou liteira.

**1** Com a orientação do professor, forme um grupo com seus colegas. Depois, para cada imagem acima, pesquisem uma imagem atual correspondente.

a) Para a imagem 1, procurem uma cena atual de rua de uma cidade brasileira.

b) Para a 2, encontrem uma imagem atual de um vendedor de rua.

c) Para a 3, pesquisem outra imagem que mostre como as pessoas se locomovem hoje em dia.

**2** Colem as imagens em uma cartolina e, depois, apresentem o trabalho final à classe.

Em 1860 as fotografias passaram a fazer parte da história brasileira com incentivo de dom Pedro II, imperador do Brasil de 1841 a 1889, pois ele tinha muito interesse em fotografias. Ele formou uma coleção de pouco mais de 23 mil fotos retratando a realidade do Brasil e do mundo no século XIX.

Observe as fotos a seguir.

Tecelãs de indústria na cidade de São Paulo, início do século XX.

Negros escravizados secam café em fazenda, em Jacarepaguá, no estado do Rio de Janeiro, 1875.

Multidão congestiona a rua 25 de Março, no centro de São Paulo, no estado de São Paulo, 2013.

Vista aérea do Pantanal, em Poconé, no estado do Mato Grosso, 2013.

1. Discuta com os colegas: qual é a grande diferença entre as imagens antigas e as atuais?

2. Qual dessas fotos você escolheria para representar o Brasil? Por quê?

# Trançando saberes

O Brasil do século XX também foi retratado por muitos pintores, entre eles imigrantes ou seus descendentes. Observe estas pinturas:

*Colheita de café*, de Tomoo Handa, 1958. O café, cultivado principalmente nos estados de São Paulo e Paraná, foi um dos principais produtos brasileiros do século XX.

*Operários*, de Tarsila do Amaral, 1933. Já nas primeiras décadas do século XX a indústria começou a crescer. Empregava mais a mão de obra imigrante do que a de negros saídos da escravidão e seus descendentes.

*Favela*, de Renina Katz, 1994. No século XX as favelas apareceram e se popularizaram por todas as grandes cidades.

*Boi de mamão*, de Sonia Furtado, 1995. As manifestações da nossa cultura também são representadas. Aqui, as danças do boi em Santa Catarina.

*Bananal*, de Lasar Segall, 1927. Pessoas do povo também são representadas.

1. Qual pintura denuncia o problema de moradias no Brasil? _____

2. Qual delas se relaciona a atividades de lazer? _____

3. Que atividade econômica está retratada na obra *Operários*? _____

4. A principal atividade econômica do Brasil, no início do século XX, está retratada em uma dessas obras. Que obra é essa? _____

5. Qual pintura mostra um produto agrícola importante na alimentação do brasileiro? _____

6. Agora você é o artista. Faça uma representação do Brasil atual.

CAPÍTULO 1 **157**

# CAPÍTULO 2
# O Brasil em verso e prosa

**HORA DA RODA**

Muitos compositores cantam a natureza e o povo do seu país, tratando de problemas sociais, injustiças, mágoas, alegria e da esperança de uma vida melhor.

Leia a letra da canção abaixo. Ela fala do amor pela pátria brasileira.

## Canção do expedicionário

Você sabe de onde eu venho?
Venho do morro, do engenho,
Das selvas, dos cafezais,
Da boa terra do coco,
Da choupana onde um é pouco,
Dois é bom, três é demais.
Venho das praias sedosas,
Das montanhas alterosas,
Do pampa, do seringal,
Das margens crespas dos rios,
Dos verdes mares bravios
Da minha terra natal.
[...]
Venho do verde mais belo,
Do mais dourado amarelo,
Do azul mais cheio de luz,
Cheio de estrelas prateadas
Que se ajoelham, deslumbradas,
Fazendo o sinal da cruz.
[...]

Spartaco Rossi e Guilherme de Almeida. *Canção do expedicionário*. Odeon. 1944.

Praia do Cedro e Mata Atlântica, no estado de São Paulo, 2013.

**1** Quais são os elementos da paisagem brasileira citados na canção?

**2** Para falar do Brasil, você acrescentaria outros elementos à canção? Quais?

# O Brasil em canção

Você viu na página anterior que muitos compositores escrevem canções sobre diversos aspectos do Brasil. Agora, você vai conhecer algumas canções que falam de diferentes paisagens brasileiras.

A canção abaixo fala da paisagem da cidade grande, vista por alguém que está chegando de um lugar distante. Leia:

## Sampa

Alguma coisa acontece no meu coração
Que só quando cruzo a Ipiranga e a avenida São João
É que quando eu cheguei por aqui eu nada entendi
[...]

Do povo oprimido nas filas, nas vilas, favelas
Da força da grana que ergue e destrói coisas belas
Da feia fumaça que sobe apagando as estrelas
[...]
E os Novos Baianos passeiam na tua garoa
E novos baianos te podem curtir numa boa.

Caetano Veloso. CD *Sem lenço sem documento – O melhor de Caetano Veloso*. Polygram. 1990.

Esquina da avenida São João com a avenida Ipiranga, no centro da cidade de São Paulo, no estado de São Paulo, 2010.

Discuta com os colegas e o professor:

1. O que significa a palavra "Sampa"? _____

2. Quem são os brasileiros que chegam a São Paulo? _____

3. De onde vem a "fumaça que sobe apagando as estrelas"? _____

4. Escreva, em uma folha avulsa, um pequeno texto usando as palavras abaixo.

   MIGRAÇÕES INTERNAS    SÃO PAULO    SAMPA

Leia a canção abaixo. Ela fala de uma atividade típica do litoral brasileiro.

## O mar

O mar...
Quando quebra na praia
É bonito... é bonito

O mar...
Pescador quando sai
Nunca sabe se volta,
Nem sabe se fica.
Quanta gente perdeu
Seus maridos... seus filhos
Nas ondas do mar.

[...]
Pedro vivia da pesca,
Saía no barco,
Seis horas da tarde,
Só vinha na hora
Do sol "raiá".
Todos gostavam de Pedro
E mais do que todos
Rosinha de Chica
A mais bonitinha.
[...]

Pedro saiu no seu barco
Seis horas da tarde,
Passou toda a noite
E não veio na hora do sol "raiá".
[...]

Pobre Rosinha de Chica
Que era bonita
Agora parece que endoideceu.
Vive na beira da praia
Olhando pras ondas
Andando... rondando. [...]

Pesca artesanal em Una, no estado da Bahia, 2013.

Dorival Caymmi. CD *Caymmi amor e mar*. EMI Music. 2001.

1. Que atividade econômica é tema da canção? _____

2. Onde ela é praticada? _____

3. Cite outras profissões ligadas ao mar. _____

A vida rural e o interior do Brasil também são temas de muitas canções. Leia:

## Casinha branca

Fiz uma casinha branca
Lá no pé da serra
Pra nós dois morar
Fica perto da **barranca**
Do rio Paraná
A paisagem é uma beleza
Eu tenho certeza
Você vai gostar
Fiz uma capela
Bem do lado da janela
Pra nós dois rezar

Quando for dia de festa
Você veste o seu vestido de algodão
Quebro meu chapéu na testa
Para arrematar as coisas do leilão

Satisfeito eu vou levar
Você de braço dado
Atrás da procissão
Vou com meu terno riscado
Uma flor do lado e meu chapéu na mão

Elpídio dos Santos. CD *Renato Teixeira — Ao vivo*. Kuarup Music.

1. Onde a pessoa da canção fez a casa para morar? _____

2. Observe em um mapa do Brasil a localização do rio Paraná e identifique a direção em que ele corre. _____

3. O compositor fala em "vestido de algodão". Quais são as atividades econômicas envolvidas para obtê-lo? _____

4. Compare as paisagens descritas em "Sampa", "O mar" e "Casinha branca". O que diferencia essas paisagens? Anote no caderno.

Crítica ao racismo e ao preconceito também é tema de canção, como o *rap* transcrito abaixo. Leia a letra do *rap* que condena o racismo.

### Racismo é burrice

[...]
Não seja um ignorante
Não se importe com a origem ou a cor do seu semelhante
O que que importa se ele é nordestino e você não?
O que que importa se ele é preto e você é branco?
Aliás, branco no Brasil é difícil, porque no Brasil somos todos mestiços.
[...]
Olhe a nossa história
[...]
Tinha índio, branco, amarelo, preto.
Nascemos da mistura, então por que o preconceito?
[...]
Dê à ignorância um ponto-final
[...]

Gabriel o Pensador. CD *MTV ao vivo*. Sony Music. 2003.

**1** Por que o autor da canção diz que somos todos mestiços?
_____
_____

**2** Segundo o compositor, racismo é burrice. Você concorda com ele? Por quê?
_____
_____
_____

**3** Além do racismo, que outros tipos de preconceito você conhece?
O que podemos fazer para combatê-los?

Alguns problemas da cidade grande também são retratados em canções. Esta canção trata de um problema urbano bastante recorrente no verão. Leia:

### Aguenta a mão, João

Não reclama contra o temporal
Que derrubou teu barracão
[...]
Com o Cibide aconteceu coisa pior
Não reclama, pois a chuva só levou a tua cama
Não reclama
Guenta a mão, João
Que amanhã tu levanta
Um barracão muito melhor
Com o Cibide, coitado
Não te contei
Tinha muita coisa mais no barracão
A enxurrada levou seus tamancos
E o lampião
E um par de meias que era de muita estimação [...]

Adoniran Barbosa e Hervê Cordovil. CD *Reviva – Adoniran Barbosa*. Som Livre. 2002.

1. Quais são os problemas urbanos citados na canção? _____

2. Quais são as causas mais comuns das enchentes?

3. Pesquise sobre dois outros problemas urbanos e escreva sobre eles.

# O Brasil na literatura

São inúmeras as obras literárias que retratam o Brasil e o povo brasileiro.

Os povos indígenas, através de seus mitos, lendas e costumes, contribuíram muito para enriquecer nossa cultura brasileira.

Leia esta história que fala sobre a origem do guaraná, produto típico da floresta Amazônica.

## Lenda do guaraná

Um casal de índios da tribo Mawé vivia junto há muitos anos. Eles não tinham filhos. Um dia, pediram a Tupã que lhes desse uma criança.

Tupã atendeu ao desejo do casal dando-lhes um lindo menino.

O menino cresceu bonito, generoso e querido por todos na aldeia. Mas, Jurupari, o deus da escuridão e do mal, sentia muita inveja dele e decidiu matá-lo.

Frutos do guaraná

Certo dia, o menino foi colher frutos na floresta. Jurupari transformou-se em uma serpente venenosa, atacou o menino e matou-o.

A triste notícia se espalhou rapidamente. Trovões ecoaram e fortes relâmpagos caíram pela aldeia. A mãe, que chorava em desespero, entendeu que os trovões eram uma mensagem de Tupã, dizendo que deveriam plantar os olhos da criança, pois deles cresceria uma nova planta que daria saborosos frutos.

Os índios plantaram os olhinhos da criança. Nesse lugar cresceu o guaraná, cujas sementes são negras, rodeadas por uma película branca, muito semelhante a um olho humano.

O guaraná, que surgiu do menino encantado, é uma planta muito apreciada. De seu fruto ralado faz-se uma saborosa bebida.

Adaptado de: <http://portalamazonia.globo.com/folclore>. Acesso em: jul. 2014.

1. Com a orientação do professor, pesquise os outros produtos do extrativismo vegetal da Amazônia.

2. Pesquise também outra lenda indígena e conte-a aos seus colegas.

Os poetas também mostram o seu amor pelo Brasil. Veja um exemplo:

## Minha terra

Todos cantam sua terra,
Também vou cantar a minha,
Nas débeis cordas da lira
Hei de fazê-la rainha;
— Hei de dar-lhe a realeza
Nesse trono de beleza
Em que a mão da natureza
Esmerou-se em quanto tinha.

Correi pr'as bandas do sul:
Debaixo dum céu de anil
Encontrareis o gigante
Santa Cruz, hoje Brasil;

— É uma terra de amores
Alcatifada de flores
Onde a brisa fala amores
Nas belas tardes de abril.

Tem tantas belezas, tantas,
A minha terra natal,
Que nem as sonha um poeta
E nem as canta um mortal!
— É uma terra encantada
— Mimoso jardim de fada —
Do mundo todo invejada,
Que o mundo não tem igual.

Casimiro de Abreu. *As primaveras*. São Paulo: Martins Fontes, 2003.

Monte Pascoal, em Porto Seguro, no estado da Bahia, local da chegada dos portugueses ao Brasil, em 22 de abril de 1500. Fotografia de 2009.

**1** Além das belezas citadas pelo poeta, o Brasil também tem problemas. Cite alguns já estudados neste livro. _____

**2** Escreva uma frase que mostre o que você sente pelo Brasil.

Por meio da literatura infantil, muitos autores também denunciam problemas ambientais e modificações causadas pelo homem na natureza. Leia no texto abaixo por que é importante preservar a natureza.

### Devemos preservar a natureza

Você já deve ter visto pela televisão notícias sobre inundações em cidades. Em poucos minutos pessoas perdem a casa, perdem tudo o que levaram tanto tempo para construir, perdem a vida.

Por que será que isso acontece com tanta frequência?

Em qualquer lugar onde há, hoje, uma cidade, existiam rios piscosos, grande diversidade de plantas e animais. Para construir as cidades, o ser humano destruiu florestas e construiu grandes edifícios.

Árvore florida, em São José do Rio Pardo, no estado de São Paulo, 2011.

O ser humano cometeu muitos erros por pura ignorância e ganância. Ele foi destruindo a natureza e os problemas começaram a crescer. Não se pode fazer um desmatamento sem antes estudar a região, pois a vegetação é muito importante para o solo.

Veja esta árvore. Ela não lembra um guarda-chuva?

Os pingos que caem com força do céu podem separar os grãos do solo, causando erosão. Mas, se esses pingos são aparados pela copa de uma árvore, chegam mais fracos ao chão.

As raízes também seguram a terra, não deixam os grãos do solo serem levados pela enxurrada. Assim, evitam que rios sejam assoreados, isto é, fiquem com os leitos mais rasos e mais sujeitos a transbordar.

Adaptado de: Lucia Maria Paleardi e Adelidia Chiarelli. *Verde, quero de novo ver-te*. São Paulo: Ed. da Unesp, 2000.

**1** Discuta com seus colegas três problemas grifados em vermelho no texto. Verifique se eles ocorrem na cidade onde você mora.

**2** Encontre mais dois problemas no texto e grife de verde.

A literatura de cordel, uma expressão cultural típica do Nordeste brasileiro, também descreve com humor as belezas, os problemas e o cotidiano do nosso país. Leia:

### O frio de São Paulo está desmoralizado

Meus distintos conterrâneos
Leiam esta reportagem
Versada que eu fiz
Procurando a abordagem
Do calor que faz agora
No tempo da friagem

São Paulo, terra do frio
Da garoa e das geadas
Como nós a conhecemos
Desde épocas passadas
Neste inverno, pegou fogo
Acabou-se a invernada

O frio daqui é temido
Por nós de lá do Nordeste
Quando descemos pro Sul
Saindo daquele agreste
Mas agora esquentou-se
Virou um verão da peste
[...]

Do jeito que vai o tempo
Não adianta geladeira
Leque, ar-condicionado
Ventilador, sorveteira
O negócio é ir pros polos
E morar numa geleira
[...]

Se continuar assim
Eu não sei o que será
Pois o frio é um fator
Que nos faz movimentar
Sem ele, tudo amolece
E São Paulo pode parar
[...]

Franklin Machado. *Folheto de cordel*. s.d.

**1** O autor do cordel é natural de que região brasileira? _____

**2** Como era conhecida a cidade de São Paulo? _____

**3** O que está acontecendo com São Paulo agora? _____

# O que estudamos

**UNIDADE 4**

Conhecemos várias representações do nosso país. Por exemplo:

- Mapas
- Retratos, desenhos, gravuras, pinturas e esculturas
- Canções
- Literatura

## Mapas

M. E. Simielli. *Geoatlas*. São Paulo: Ática, 2013.

## Pinturas

## Esculturas

## Canção

[...] O que que importa se ele é preto e você é branco?

Aliás, branco no Brasil é difícil, porque no Brasil somos todos mestiços. [...]

Gabriel o Pensador.

## Literatura

### Lenda do guaraná

Um casal de índios da tribo Mawé vivia junto há muitos anos. Eles não tinham filhos. Um dia, pediram a Tupã que lhes desse uma criança. [...]

# Desenhando também aprendo

Os desenhos abaixo representam assuntos importantes estudados em cada capítulo da Unidade 4.

**1** Observe os desenhos atentamente.

### Unidade 4 – Aquarela do Brasil

#### Capítulo 1. Imagens brasileiras

#### Capítulo 2. O Brasil em verso e prosa

**2** Agora é a sua vez! Para cada capítulo, faça um desenho do que você mais gostou ou achou importante estudar na quarta unidade deste livro. Se preferir, faça uma colagem.

## Agora eu sei que...

**1** As frases abaixo aparecem destacadas nos capítulos das Unidades 3 e 4. Escreva outra frase sobre o que você mais gostou de aprender em cada capítulo.

### Unidade 3 — O espaço regional
### Capítulo 1. Do Sudeste ao Sul

A região Sudeste possui o maior número de grandes cidades do Brasil. É a mais populosa, com aproximadamente 80 milhões de habitantes.

Foi no Sudeste que começou a industrialização no Brasil e é nessa região que ainda se concentra a maior parte das indústrias do país.

_____
_____

### Capítulo 2. Do litoral para o interior

As riquezas vegetais da floresta Amazônica e a abundância de minerais fazem da região Norte um dos espaços mais ricos do mundo em recursos naturais. Atualmente, esses recursos estão sendo muito explorados.

_____
_____

### Unidade 4 — Aquarela do Brasil
### Capítulo 1. Imagens brasileiras

Cada pessoa tem uma forma de expressar seus sentimentos e ideias sobre pessoas, lugares ou acontecimentos. Os pintores, os escultores, os cartógrafos, os fotógrafos, os compositores, os cantores, os poetas, os escritores destacam-se pela forma especial de se expressar.

_____
_____

### Capítulo 2. O Brasil em verso e prosa

Muitos compositores cantam a natureza e o povo do seu país, tratando de problemas sociais, injustiças, mágoas, alegria e da esperança de uma vida melhor.

_____
_____

**2** Agora, anote cinco palavras que você achou importantes nos capítulos das Unidades 3 e 4. _____

## Projeto

# Notícias da região

Que tal elaborar um jornal da região onde você vive: Norte, Nordeste, Centro-Oeste, Sudeste ou Sul?

**1** Forme um grupo com seus colegas.

**2** Primeiramente pesquisem, em jornais, revistas ou livros, alguns dados sobre a sua região. Anotem as informações no caderno de forma resumida:

- Formas de relevo e rios
- Clima e vegetação
- População
- Principais cidades
- Atividades econômicas
  – Setor primário
  – Setor secundário
  – Setor terciário
- Meios de transporte
- Pontos turísticos
- Atividades de lazer
- Problemas ambientais (poluição da água, do ar, queimadas, desmatamento, etc.)
- Outra informação ou problema

**3** Escolham um desses assuntos, que vocês consideram problemático, e elaborem, no caderno, um pequeno artigo de jornal sobre ele. No artigo abordem:

O TEMA ESCOLHIDO

AS SOLUÇÕES POSSÍVEIS

OS PROBLEMAS LIGADOS A ELE

**4** Ilustrem o texto com fotos ou desenhos.

**5** Na data marcada pelo professor apresentem o artigo à classe.

**6** Sob a orientação do professor, montem um jornal com os artigos de todos os grupos destacando o problema e as soluções possíveis.

# Sugestões

## Livros

### O Brasil em festa
Sávia Dumont, Companhia das Letrinhas.

Este livro trata da gente brasileira, com suas festas, tradições, danças e sua religiosidade. Apresenta os aspectos culturais mais importantes de cada região do Brasil, mostrando a alegria e a fé do povo brasileiro.

### Poesia das capitais
Luiz de Miranda, Editora FTD.

Este livro apresenta uma visão da grandiosidade e da diversidade do Brasil.
É como uma viagem pelo nosso país. Por meio de palavras o autor apresenta todas as capitais do Brasil.

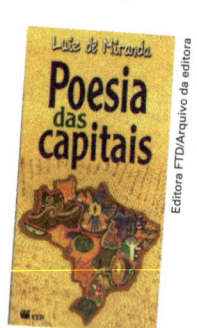

### Coleção Cidades
Luiz Bras, Callis Editora.

Os livros desta coleção contam histórias de crianças que viajam para algumas capitais brasileiras: Recife, Porto Alegre, Rio de Janeiro, Salvador, entre outras. Em cada livro você vai conhecer a história de um desses lugares, suas belezas e seus pontos mais importantes.
Alguns títulos da coleção:
*O sonho chamado Brasília*; *O holandês no Recife*;
*Os sons de Salvador*; e outros.

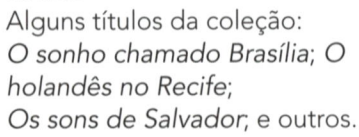

### Amazonas — Águas, pássaros, seres e milagres
Thiago de Mello, Editora Salamandra.

O autor mostra a grandeza cultural do povo do Amazonas, o poder de cura das ervas, os rios, os sons dos pássaros, dos animais e dos ventos e os peixes que povoam os rios.

### Coração do Cerrado
Eunice Pühler, Editora do Brasil.

Dito nasceu no cerrado brasileiro. Viveu cercado de árvores, bichos, boiadas, comitivas de boiadeiros, rios, barcos e histórias de peixes encantados.
Um dia Dito conheceu Maurício Erwin, um menino da cidade. Leia o livro e veja o que aconteceu.

### Brasil, olhar de artista
Katia Canton, Editora DCL.

Este livro contém obras de artistas que esculpiram, pintaram e até bordaram cenas brasileiras. A reprodução dessas obras mostra várias faces do nosso país: sua gente, sua terra, seu espírito, sua alegria.

### Do Oiapoque ao Chuí
Raimundo Fontenele, Editora DCL.

Gabriel e tio Marcos resolveram fazer uma viagem aos pontos extremos do Brasil. Do Rio Grande do Sul até o Pará descobrem diferentes realidades e costumes.

### Os segredos do Pantanal
Eliana Michaelichen, Larousse Editora.

Neste livro você vai encontrar fichas técnicas dos principais animais da região, explicações sobre a fauna e a flora, o relevo e as principais atividades econômicas aí desenvolvidas. A autora alerta para os problemas ambientais do Pantanal e para algumas espécies vegetais e animais ameaçados de extinção.

# Glossário

As palavras deste glossário estão definidas de acordo com o sentido em que foram empregadas neste livro.

## A

**Amazonas** (Página 147)
Segundo uma antiga lenda, as amazonas eram mulheres guerreiras que andavam a cavalo e viviam às margens do rio Negro.

**Areais** (Página 117)
São extensas áreas onde predomina areia. No Rio Grande do Sul usa-se o termo arenização para se referir ao processo de formação desses areais. São de origem natural, mas podem ser agravados pela ação humana.

## B

**Barranca** (Página 161)
É o mesmo que barranco. É a margem alta e íngreme de um rio.

**Bélica** (Página 107)
A indústria bélica produz armamentos e materiais para guerra.

Veículo blindado, produto da indústria bélica, no Rio de Janeiro, no estado do Rio de Janeiro, 2010.

**Bico de pena** (Página 114)
É uma técnica para desenhar que usa caneta de pena bem fina e tinta nanquim, geralmente preta.

## C

**Caboclo** (Página 136)
É o mestiço brasileiro resultante do cruzamento do branco com o indígena. Há muitos caboclos na região Norte do Brasil, onde a presença indígena é muito forte.
Na Amazônia, a palavra **caboclo** é usada para designar a pessoa que mora "na roça", no interior da Amazônia ou à beira dos rios da região.

**Candomblé** (Página 73)
Religião introduzida no Brasil pelos negros africanos escravizados, vindos principalmente de áreas onde hoje ficam Nigéria e Benin. O candomblé possui várias divindades africanas, como Oxalá, Xangô, Ogum, Iemanjá, etc.

**Cercanias** (Página 144)
São os arredores, as vizinhanças, as proximidades de um lugar, geralmente de uma cidade ou qualquer outro lugar povoado.

**Chalana** (Página 132)
Embarcação pequena, de fundo chato, usada como transporte de mercadorias em alguns rios brasileiros, principalmente no Pantanal.

**Charqueada** (Página 119)
Estabelecimento onde a carne é salgada em mantas e exposta ao sol; ou seja, onde a carne é charqueada.

## D

### Densidade demográfica (Página 65)
Mede o grau de concentração da população em um território, apresentando o número de habitantes por quilômetro quadrado (hab./km²).

### Dialeto (Página 61)
Variação de uma língua em diferentes áreas de um país. Os dialetos geralmente não têm forma escrita.

### Dizimado (Página 68)
Morto, destruído, exterminado. Muitos indígenas foram dizimados pelos brancos colonizadores.

## E

### Ecossistema (Página 132)
Conjunto de relações entre os seres vivos e o meio ambiente. Os elementos de um ecossistema dependem uns dos outros. Por exemplo, há relação entre o solo, a vegetação e o clima e entre esses elementos naturais e os seres vivos. Portanto, qualquer modificação em um deles provoca mudança nos demais e pode alterar todo o ecossistema.

### Erosão (Página 42)
É o desgaste do relevo provocado por agentes da natureza, como o vento, o gelo, a água da chuva e dos rios e as mudanças de temperatura.

Erosão em Sumidouro, no estado do Rio de Janeiro, 2014.

### Escarpas (Página 42)
Inclinação íngreme de um terreno. No Brasil, as inclinações íngremes de planalto podem ser chamadas de serras.

### Estiagem (Página 132)
É o período da seca que sucede o período das chuvas. Nessa época, as águas do rio chegam ao seu nível mais baixo.

## F

### Flutuante (Página 136)
Habitação que flutua sobre as águas, construída em cima de toras amarradas com cipó. É comum na região da Amazônia.

## G

### Garimpeiro (Página 134)
Pessoa que trabalha na extração de ouro, diamante e outros metais preciosos. No Brasil os garimpeiros atuam principalmente nas regiões Norte e Centro-Oeste e, muitas vezes, em terras indígenas.

Garimpeiro

## J

### Jazida (Página 126)
Depósito natural de minerais ou fósseis economicamente exploráveis, encontrados no solo ou no subsolo de uma região.

## M

### Mineralização (Página 112)
Inclusão de minerais essenciais na alimentação do rebanho.

## N

### Nevasca (Página 45)
Tempestade de neve. Ocorre em lugares de climas temperados e frios.

## P

### Platô (Página 45)
É o mesmo que planalto, pois geralmente está localizado em grandes altitudes. É pouco ondulado. No texto, significa uma pequena área plana que os alpinistas cavaram na encosta da montanha.

## R

### Rap (Página 162)
*Rap* é um gênero musical muito popular em bairros da periferia das grandes cidades. É quase uma fala rápida e ritmada, em que o compositor geralmente denuncia problemas sociais.

Grupo de *rap* Racionais MC's, em São Paulo, no estado de São Paulo, 2013.

### Recenseamento (Página 59)
É o mesmo que **censo**. O recenseamento demográfico é a contagem da população de uma região ou de um país realizada pelo governo. Além do número de pessoas, determina o sexo, a idade, a população urbana e rural, as profissões, o nível de escolaridade, etc. O governo faz também o censo industrial, agropecuário, etc.

## S

### Sedimentação (Página 43)
É o acúmulo de sedimentos nas partes mais baixas do relevo, trazidos pelo vento, pelo gelo e pela água dos rios e da chuva.

### Siderúrgica (Página 107)
A indústria siderúrgica transforma o ferro em aço, que, por sua vez, é usado na construção civil e na fabricação de outros produtos, como veículos, máquinas, equipamentos e ferramentas.

## T

### Termômetro (Página 30)
Aparelho que mede a temperatura.

### Trapiche (Página 136)
Pequeno armazém às margens dos rios. Serve para depositar mercadorias que são transportadas geralmente por via fluvial.

## V

### Vermífugo (Página 112)
Remédio que mata vermes.

# Bibliografia

Desta bibliografia não constam as referências de alguns livros dos quais foram transcritos trechos ao longo dos capítulos. Citamos as referências nos próprios textos, por se tratar de fontes de leitura complementares.

ALMEIDA, Rosângela Doin de. **Do desenho ao mapa:** iniciação cartográfica na escola. São Paulo: Contexto, 2010.

BRASIL. Ministério da Educação e do Desporto. Secretaria de Ensino Fundamental. **Ensino Fundamental de Nove Anos**. Brasília, 2006.

——. Diretrizes Curriculares Nacionais para Educação Básica. Brasília, 2013.

CALLAI, Helena Copetti. Aprendendo a ler o mundo: a Geografia nos anos iniciais do Ensino Fundamental. **Cadernos CEDES**. Educação geográfica e as teorias de aprendizagem, n. 66. Campinas, 2005. Número especial.

—— (Org.). **O ensino de Geografia**. Ijuí: Ed. da Unijuí, 1986.

CASTELLAR, Sonia (Org.). **Educação geográfica:** teorias e práticas docentes. São Paulo: Contexto, 2010.

____; CAVALCANTI, L.; CALLAI, H. (Orgs.). **Didática de Geografia** – aportes teóricos e metodológicos. São Paulo: Xamã, 2012.

CASTROGIOVANNI, Antonio Carlos (Org.). **Ensino de Geografia:** práticas e textualizações no cotidiano. Porto Alegre: Mediação, 2009.

____. **Geografia em sala de aula:** práticas e reflexões. Porto Alegre: Ed. da UFRGS/AGB, 2004.

CAVALCANTI, Lana de Souza (Org.). **Formação de professores:** concepções e práticas em Geografia. Goiânia: Vieira, 2006.

____. **Geografia e práticas de ensino**. Goiânia: Alternativa, 2002.

____. **Geografia, escola e construção de conhecimentos**. Campinas: Papirus, 2010.

COLL, César et al. **O construtivismo na sala de aula**. São Paulo: Ática, 2010.

COMISSÃO PASTORAL DA TERRA. **Conflitos no campo**. Goiânia, 2006.

HOFFMANN, Jussara. **Avaliação:** mito & desafio — Uma perspectiva construtivista. Porto Alegre: Mediação, 2010.

IBGE. **Atlas geográfico escolar**. Rio de Janeiro, 2012.

KAERCHER, Nestor André. **Desafios e utopias do ensino de Geografia**. Santa Cruz do Sul: Edunisc, 2010.

LEGAN, Lucia. **A escola sustentável:** ecoalfabetizando pelo ambiente. São Paulo: Imprensa Oficial e Ecocentro/PEC, 2007.

LUCIANO, Gersen dos Santos. **O índio brasileiro:** o que você precisa saber sobre os povos indígenas no Brasil de hoje. Brasília: MEC – Secad/Unesco/Museu Nacional, 2006.

MEIRIEU, Philippe. **Aprender… sim, mas como?** Porto Alegre: Artmed, 2000.

MICHEL, François. **A Ecologia em pequenos passos**. São Paulo: Nacional, 2008.

NOGUEIRA, Amélia B. Geografia das representações — Mapa mental como recurso didático no ensino de Geografia. II Colóquio de Cartografia. **Revista Geografia e Ensino**. v. 6. Belo Horizonte, 1997.

OLIVEIRA, Ariovaldo Umbelino de (Org.). **Geografia em perspectiva**. São Paulo: Contexto, 2010.

PERRENOUD, Philippe. **10 novas competências para ensinar**. Porto Alegre: Artmed, 2000.

PILLAR, Analice Dutra. **Desenho e construção de conhecimento na criança**. Porto Alegre: Artmed, 1996.

PONTUSCHKA, Nídia Nacib et al (Org.). **Para ensinar e aprender Geografia**. São Paulo: Cortez, 2007.

POZO, Juan Ignacio (Org.). **A solução de problemas:** aprender a resolver, resolver para aprender. Porto Alegre: Artmed, 1998.

RAMA, Ângela; VERGUEIRO, Waldomiro (Org.). **Como usar as histórias em quadrinhos na sala de aula**. São Paulo: Contexto, 2009.

SCHÄFFER, Neiva. Ler a paisagem, o mapa, o livro… Escrever nas linguagens da Geografia. In: **Ler e escrever:** compromisso de todas as áreas. Porto Alegre: Ed. da UFRGS, 2006.

____ et al. **Um globo em suas mãos:** práticas para a sala de aula. Porto Alegre: Ed. da UFRGS, 2005.

SIMIELLI, Maria Elena. **Geoatlas**. São Paulo: Ática, 2013.

____. O mapa como meio de comunicação e a alfabetização cartográfica. In: ALMEIDA, Rosângela Doin de (Org.). **Cartografia escolar**. São Paulo: Contexto, 2010.

____. **Primeiros mapas:** como entender e construir. São Paulo: Ática, 2010. 4 v.

SPOSITO, Maria Encarnação Beltrão (Org.). **Livros didáticos de História e Geografia:** avaliação e pesquisa. São Paulo: Ed. da Unesp, 2006. (Coleção Cultura Acadêmica.)

STRAFORINI, Rafael. **Ensinar Geografia:** o desafio da totalidade-mundo nas séries iniciais. São Paulo: Annablume, 2008.

VOGEL, Arno et al. **Como as crianças veem a cidade**. Rio de Janeiro: Pallas/Flacso/Unicef, 1995.

ZABALA, Antoni (Org.). **Como trabalhar os conteúdos procedimentais em aula**. Porto Alegre: Artmed, 2007.

## Sites

(Acesso em: abril de 2014)

http://blogs.estadao.com.br/estadinho
http://bve.cibe.inep.gov.br (Biblioteca Virtual de Educação)
http://revistaescola.abril.com.br
www.brasilescola.com
www.cienciahoje.uol.com.br
www.funai.gov.br (Fundação Nacional do Índio)
www.museudoindio.org.br
www.planetaeducacao.com.br
www.portaldomeioambiente.org.br
www.selounicef.org.br
www1.folha.uol.com.br/folhinha